大方廣佛華嚴經 讀誦

4

🌸 일러두기

1. 『독송본 한문·한글역 대방광불화엄경』은 실차난타가 한역(695~699)한 80권 『대방광불화엄경』의 한문 원문과 한글역을 함께 수록한 것이다. 한문에는 음사와 현토를 부기하였다.

2. 원문의 저본은 고종 2년(1865) 월정사에서 인경한 고려대장경 『대방광불화엄경』에 한암 스님이 현토(1949년)한 것을 범룡 스님이 영인 출판(1990년)한 『대방광불화엄경』이다.

3. 한문은 저본에서 누락되었거나 글자가 다르다고 판단된 부분은 저본인 고려대장경 각권의 말미에 교감되어 있는 내용을 중심으로 하고 봉은사판 『대방광불화엄경수소연의초』와 신수대장경 각주에서 밝힌 교감본을 참조하여 보입하고 수정하였다.

4. 한글 번역은 동국역경원에서 발간한 한글 『대방광불화엄경』(운허)을 중심으로 하고 『신화엄경합론』(탄허)과 『대방광불화엄경 강설』(여천무비) 그리고 최근의 여타 번역본 등을 참조하였다.

5. 저본의 원문에서 이체자의 경우 훈글이 제공하는 이체자는 그대로 살리고 훈글이 제공하지 않는 글자는 통용되는 정자로 바꾸었다. 예) 間 → 閒 / 焰 → 焰 / 宫 → 宮 / 俻 → 稱

6. 한글 번역은 독송과 사경을 위하여 정확성과 아울러 가독성을 고려하였다. 극존칭은 부처님과 불경계에 대해서만 사용하였다.

7. 독송본의 차례는 일러두기 → 본문 → 화엄경 목차 → 간행사의 순차이다.
   (법공양판에는 간행사 다음에 간행불사 동참자를 밝혀 두었다.)

8. 독송본의 한글역은 사경의 편의를 도모하기 위해 그 편집을 달리하여 『사경본 한글역 대방광불화엄경』으로 함께 간행한다. 독송본과 사경본 모두 80권 『대방광불화엄경』의 권별 목차 순으로 간행한다.

독송본 한문·한글역

대방광불화엄경 제4권
大方廣佛華嚴經 卷第四

1. 세주묘엄품 [4]
世主妙嚴品 第一之四

실차난타 한역
수미해주 한글역

④

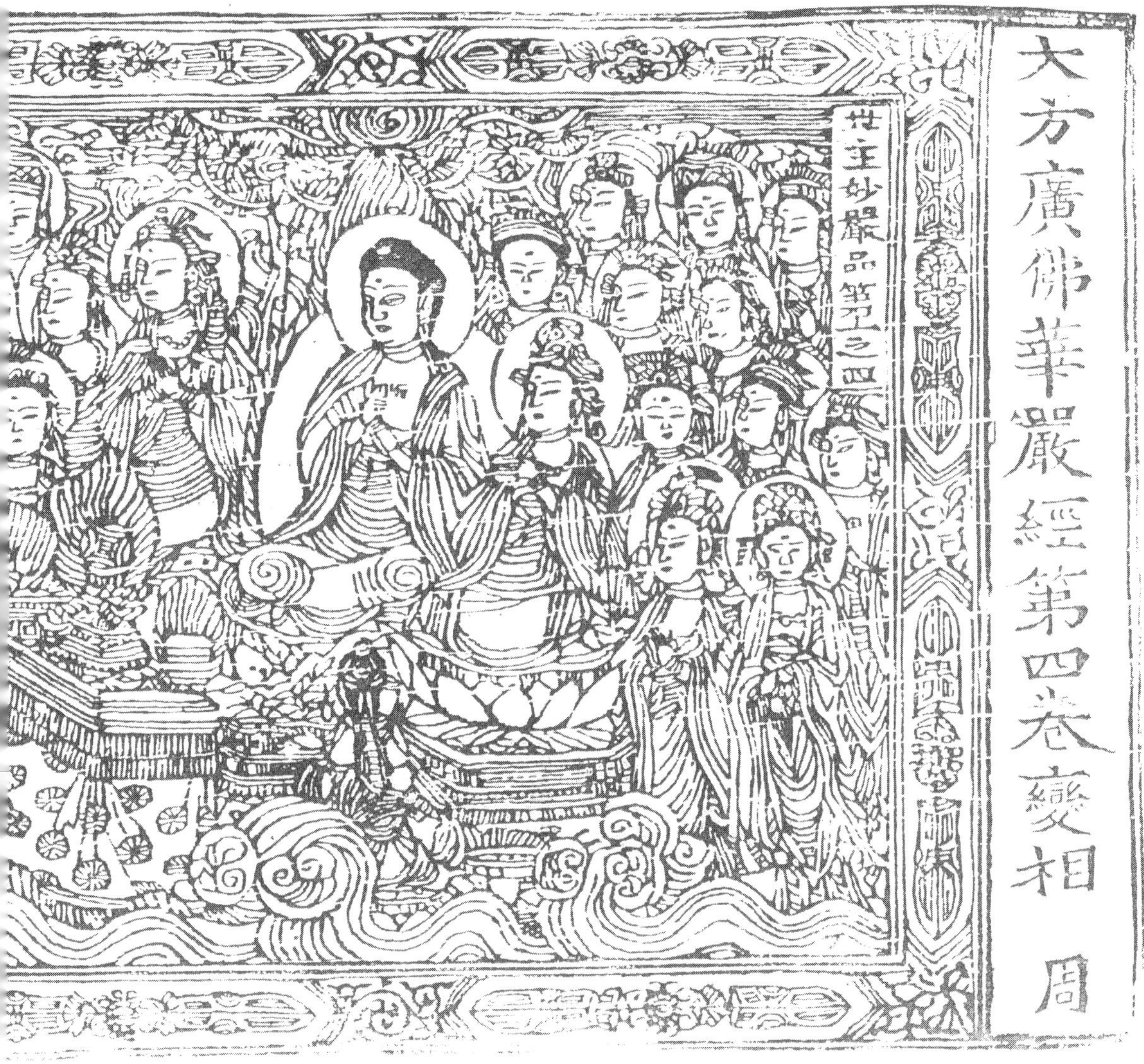
大方廣佛華嚴經第四卷變相
周
世主妙嚴品第一之四

대방광불화엄경 제4권 변상도

대방광불화엄경

제4권

1. 세주묘엄품 [4]

대방광불화엄경 권제사
大方廣佛華嚴經 卷第四

세주묘엄품 제일지사
世主妙嚴品 第一之四

부차보광염장주화신　　득실제일체세간암
復次普光燄藏主火神은 **得悉除一切世間闇**

해탈문　　　보집광당주화신　　득능식일체중
解脫門하고 **普集光幢主火神**은 **得能息一切衆**

생　제혹표류열뇌고해탈문　　대광변조주
生의 **諸惑漂流熱惱苦解脫門**하고 **大光徧照主**

화신　득무동복력대비장해탈문　　중묘궁
火神은 **得無動福力大悲藏解脫門**하고 **衆妙宮**

1

대방광불화엄경 제4권

1. 세주묘엄품 [4]

또 보광염장 주화신은 일체 세간의 어두움을 다 없애는 해탈문을 얻었고, 보집광당 주화신은 일체 중생이 모든 미혹으로 뜨거운 고뇌에 표류하는 것을 능히 쉬게 하는 해탈문을 얻었고, 대광변조 주화신은 흔들림 없는 복력과 대비의 창고 해탈문을 얻었다.

전주화신 　 득보능제번뇌진해탈문 　 무진
殿主火神은 得普能除煩惱塵解脫門하고 無盡

광계주화신 　 득광명조요무변허공계해탈
光髻主火神은 得光明照耀無邊虛空界解脫

문 　 종종염안주화신 　 득종종복장엄적정
門하고 種種燄眼主火神은 得種種福莊嚴寂靜

광해탈문 　 시방궁전여수미산주화신 　 득
光解脫門하고 十方宮殿如須彌山主火神은 得

능멸일체세간제취치연고해탈문 　 위광자
能滅一切世間諸趣熾然苦解脫門하고 威光自

재주화신 　 득자재개오일체세간해탈문
在主火神은 得自在開悟一切世間解脫門하고

광조시방주화신 　 득영파일체우치집착견
光照十方主火神은 得永破一切愚癡執著見

해탈문 　 뇌음전광주화신 　 득성취일체원
解脫門하고 雷音電光主火神은 得成就一切願

중묘궁전 주화신은 널리 번뇌의 티끌을 능히 없애주는 해탈문을 얻었고, 무진광계 주화신은 광명이 가없는 허공계를 밝게 비추는 해탈문을 얻었고, 종종염안 주화신은 갖가지 복으로 장엄된 적정한 광명의 해탈문을 얻었고, 시방궁전여수미산 주화신은 일체 세간 모든 갈래의 치성한 고통을 능히 멸하는 해탈문을 얻었다.

위광자재 주화신은 일체 세간을 자재하게 깨우치는 해탈문을 얻었고, 광조시방 주화신은 일체 어리석고 집착하는 견해를 영원히 깨뜨리는 해탈문을 얻었고, 뇌음전광 주화신은 일

력대진후해탈문
力大震吼解脫門하니라

이시   보광염장주화신   승불위력   변관
爾時에 普光燄藏主火神이 承佛威力하야 徧觀

일체주화신중   이설송언
一切主火神衆하고 而說頌言하니라

여관여래정진력   광대억겁부사의
汝觀如來精進力하라   廣大億劫不思議에

위리중생현세간   소유암장개영멸
爲利衆生現世間하사   所有暗障皆令滅이로다

체 원력을 성취하여 크게 외치는 해탈문을 얻었다.

그 때에 보광염장 주화신이 부처님의 위신력을 받들어 일체 주화신의 대중들을 두루 살펴보고 게송을 설하여 말씀하였다.

그대는 여래의 정진력을 관해 보라
부사의한 광대한 억겁 동안
중생들을 이롭게 하려고 세간에 출현하셔서
있는 바 어두운 장애를 다 없애주시도다.

중생우치기제견
衆生愚癡起諸見하야

번뇌여류급화연
煩惱如流及火然이어늘

도사방편실멸제
導師方便悉滅除하시니

보집광당어차오
普集光幢於此悟로다

복덕여공무유진
福德如空無有盡하야

구기변제불가득
求其邊際不可得이라

차불대비무동력
此佛大悲無動力이시니

광조오입심생희
光照悟入心生喜로다

아관여래지소행
我觀如來之所行컨대

경어겁해무변제
經於劫海無邊際라

여시시현신통력
如是示現神通力하시니

중묘궁신소요지
衆妙宮神所了知로다

중생들이 어리석어 모든 소견을 일으켜서
번뇌가 마치 물이 흐르고 불이 타는 듯하거늘
도사께서 방편으로 다 멸하여 없애주시니
보집광당 주화신이 이에 깨달았도다.

복덕이 허공과 같아 다함이 없으셔서
그 끝을 구하여도 얻을 수 없음이라
이것은 부처님 대비의 흔들림 없는 힘이시니
대광변조 주화신이 깨달아 들어가서 기뻐하였도다.

여래께서 행하신 것을 내가 관해 보니
겁바다를 지나도록 끝이 없음이라
이와 같이 신통력을 나타내 보이시니
중묘궁전 주화신이 요달해 안 바로다.

억겁수성불가사
億劫修成不可思여

구기변제막능지
求其邊際莫能知라

연법실상영환희
演法實相令歡喜케하시니

무진광신소관견
無盡光神所觀見이로다

시방소유광대중
十方所有廣大衆이

일체현전첨앙불
一切現前瞻仰佛이어늘

적정광명조세간
寂靜光明照世間하시니

차묘염신소능료
此妙燄神所能了로다

모니출현제세간
牟尼出現諸世間하사

좌어일체궁전중
坐於一切宮殿中하야

보우무변광대법
普雨無邊廣大法하시니

차시방신지경계
此十方神之境界로다

억겁 동안 닦아 이루심이 불가사의함이여

그 끝을 구하여도 알 수 없음이라

법의 실상을 연설하여 환희하게 하시니

무진광계 주화신이 관하여 본 바로다.

시방에 있는 광대한 대중들이

일체가 나타나서 부처님을 우러러보거늘

적정한 광명으로 세간을 비추시니

이것은 종종염안[妙燄] 주화신이 요달한 바로다.

석가모니 부처님께서 모든 세간에 출현하시어

일체 궁전 가운데 앉으셔서

가없고 광대한 법을 널리 비 내리시니

이것은 시방궁전여수미산 주화신의 경계로다.

제불지혜최심심
諸佛智慧最甚深이라

어법자재현세간
於法自在現世間하사

능실천명진실리
能悉闡明眞實理하시니

위광오차심흔경
威光悟此心欣慶이로다

제견우치위암개
諸見愚癡爲暗蓋하야

중생미혹상유전
衆生迷惑常流轉이어늘

불위개천묘법문
佛爲開闡妙法門하시니

차조방신능오입
此照方神能悟入이로다

원문광대부사의
願門廣大不思議라

역도수치이청정
力度修治已淸淨하사

여석원심개출현
如昔願心皆出現하시니

차진음신지소료
此震音神之所了로다

모든 부처님의 지혜가 가장 깊고 깊으셔서
법에 자재하여 세간에 나타나시어
능히 진실한 이치를 다 열어 밝히시니
위광자재 주화신이 이것을 깨닫고 기뻐하였도다.

모든 어리석은 소견이 어두운 덮개가 되어서
중생들이 미혹하여 항상 유전하거늘
부처님께서 미묘한 법문을 열어 밝혀주시니
이것은 광조시방 주화신이 능히 깨달아 들어갔도다.

서원의 문이 광대하여 부사의함이라
힘[力] 바라밀을 닦아 다스려 이미 청정하셔서
옛적에 서원한 마음으로 다 출현하시니
이것은 뇌음전광[震音] 주화신이 요달한 바로다.

부차보흥운당주수신　　득평등이익일체중
復次普興雲幢主水神은　得平等利益一切衆

생자해탈문　　해조운음주수신　　득무변법
生慈解脫門하고　海潮雲音主水神은　得無邊法

장엄해탈문　　묘색륜계주수신　　득관소응
莊嚴解脫門하고　妙色輪髻主水神은　得觀所應

화　　방편보섭해탈문　　선교선복주수신
化하야　方便普攝解脫門하고　善巧漩澓主水神은

득보연제불심심경계해탈문　　이구향적주
得普演諸佛甚深境界解脫門하고　離垢香積主

수신　　득보현청정대광명해탈문　　복교광
水神은　得普現清淨大光明解脫門하고　福橋光

음주수신　　득청정법계무상무성해탈문
音主水神은　得清淨法界無相無性解脫門하고

지족자재주수신　　득무진대비해해탈문
知足自在主水神은　得無盡大悲海解脫門하고

또 보훙운당 주수신은 일체 중생에게 평등하게 이익을 주는 자애의 해탈문을 얻었고, 해조운음 주수신은 가없는 법으로 장엄한 해탈문을 얻었고, 묘색륜계 주수신은 응당 교화할 이를 관찰하여 방편으로 널리 섭수하는 해탈문을 얻었다.

선교선복 주수신은 모든 부처님의 매우 깊은 경계를 널리 연설하는 해탈문을 얻었고, 이구향적 주수신은 청정하고 큰 광명을 널리 나타내는 해탈문을 얻었고, 복교광음 주수신은 청정한 법계가 모양도 없고 성품도 없는 해탈문을 얻었고, 지족자재 주수신은 다함없는 대비

정희선음주수신　　득어보살중회도량중　　위
淨喜善音主水神은 得於菩薩衆會道場中에 爲

대환희장해탈문　　보현위광주수신　　득이
大歡喜藏解脫門하고 普現威光主水神은 得以

무애광대복덕력　　　보출현해탈문　　　후성
無礙廣大福德力으로 普出現解脫門하고 吼聲

변해주수신　　득관찰일체중생　　발기여허
徧海主水神은 得觀察一切衆生하야 發起如虛

공조복방편해탈문
空調伏方便解脫門하니라

이시　　보흥운당주수신　　승불위력　　변관
爾時에 普興雲幢主水神이 承佛威力하야 徧觀

일체주수신중　　이설송언
一切主水神衆하고 而說頌言하니라

바다의 해탈문을 얻었다.

정희선음 주수신은 보살 대중들이 모인 도량 가운데 큰 환희의 창고가 되는 해탈문을 얻었고, 보현위광 주수신은 걸림 없고 광대한 복덕의 힘으로 널리 출현하는 해탈문을 얻었고, 후성변해 주수신은 일체 중생을 관찰하여 허공과 같이 조복하는 방편을 일으키는 해탈문을 얻었다.

그 때에 보흥운당 주수신이 부처님의 위신력을 받들어 일체 주수신의 대중들을 두루 살펴보고 게송을 설하여 말씀하였다.

청정자문찰진수
清淨慈門刹塵數가

공생여래일묘상
共生如來一妙相이어든

일일제상막불연
一一諸相莫不然하시니

시고견자무염족
是故見者無厭足이로다

세존왕석수행시
世尊往昔修行時에

보예일체여래소
普詣一切如來所하사

종종수치무해권
種種修治無懈倦하시니

여시방편운음입
如是方便雲音入이로다

불어일체시방중
佛於一切十方中에

적연부동무래거
寂然不動無來去하사대

응화중생실령견
應化衆生悉令見케하시니

차시계륜지소지
此是髻輪之所知로다

세계 티끌 수의 청정한 자애의 문이
여래의 한 미묘한 형상을 함께 내는데
낱낱의 모든 모양이 다 그러하시니
그러므로 보는 이가 싫어함이 없도다.

세존께서 지난 옛적 수행하실 때
널리 일체 여래의 처소에 나아가셔서
갖가지로 닦아 다스려 게으름이 없으셨으니
이러한 방편은 해조운음 주수신이 들어갔도다.

부처님께서는 일체 시방 가운데
고요히 움직이지 않고 오고 감이 없으시되
마땅히 중생들을 교화하여 다 보게 하시니
이것은 묘색륜계 주수신이 안 바로다.

여래경계무변량
如來境界無邊量하사

일체중생불능료
一切衆生不能了어늘

묘음연설변시방
妙音演說徧十方하시니

차선선신소행처
此善旋神所行處로다

세존광명무유진
世尊光明無有盡하사

충변법계부사의
充徧法界不思議라

설법교화도중생
說法敎化度衆生하시니

차정향신소관견
此淨香神所觀見이로다

여래청정등허공
如來淸淨等虛空하사

무상무형변시방
無相無形徧十方하사대

이영중회미불견
而令衆會靡不見케하시니

차복광신선관찰
此福光神善觀察이로다

여래의 경계는 끝도 한량도 없으셔서

일체 중생이 능히 알 수 없거늘

미묘한 소리로 연설하여 시방에 두루하시니

이것은 선교선복 주수신이 행한 곳이로다.

세존의 광명이 다함이 없으셔서

법계에 가득 두루하여 부사의함이라

설법하여 교화해서 중생들을 제도하시니

이것은 이구향적[淨香] 주수신이 관하여 본 바로다.

여래는 청정하여 허공과 같으셔서

모양도 없고 형상도 없이 시방에 두루하시되

회중들이 다 보게 하시니

이것은 복교광음 주수신이 잘 관찰하였도다.

불석수습대비문
佛昔修習大悲門하사대

기심광변등중생
其心廣徧等衆生일새

시고여운현어세
是故如雲現於世하시니

차해탈문지족료
此解脫門知足了로다

시방소유제국토
十方所有諸國土에

실견여래좌어좌
悉見如來坐於座하사

낭연개오대보리
朗然開悟大菩提하니

여시희음지소입
如是喜音之所入이로다

여래소행무가애
如來所行無罣礙라

변왕시방일체찰
徧往十方一切刹하사

처처시현대신통
處處示現大神通하시니

보현위광이능오
普現威光已能悟로다

부처님께서 옛적에 대비문을 닦으시되
그 마음이 넓고 두루하여 중생들과 같음이라
그러므로 구름처럼 세상에 나타나시니
이 해탈문은 지족자재 주수신이 알았도다.

시방에 있는 모든 국토에서
여래께서 자리에 앉으시어
밝게 대보리를 깨달으심을 다 보니
이러함은 정희선음 주수신이 들어간 바로다.

여래께서 행하신 바는 걸림이 없음이라
시방의 일체 세계에 두루 가셔서
곳곳마다 큰 신통을 나타내 보이시니
보현위광 주수신이 이미 능히 깨달았도다.

수습무변방편행
修習無邊方便行하사

등중생계실충만
等衆生界悉充滿이라

신통묘용미잠정
神通妙用靡暫停하시니

후성변해사능입
吼聲徧海斯能入이로다

부차출현보광주해신　　득이등심　　시일체
復次出現寶光主海神은 得以等心으로 施一切

중생복덕해　　중보장엄신해탈문　　불가
衆生福德海하야 衆寶莊嚴身解脫門하고 不可

괴금강당주해신　　득교방편　　수호일체중
壞金剛幢主海神은 得巧方便으로 守護一切衆

생선근해탈문　　부잡진구주해신　　득능갈
生善根解脫門하고 不雜塵垢主海神은 得能竭

일체중생번뇌해해탈문　　항주파랑주해신
一切衆生煩惱海解脫門하고 恒住波浪主海神은

가없는 방편행을 닦으셔서
중생계와 동등하게 다 충만하심이라
신통과 묘용이 잠시도 멈추지 않으시니
후성변해 주수신이 이에 능히 들어갔도다.

또 출현보광 주해신은 평등한 마음으로 일체 중생에게 복덕바다를 보시하여 온갖 보배로 몸을 장엄하는 해탈문을 얻었고, 불가괴금강당 주해신은 교묘한 방편으로 일체 중생의 선근을 수호하는 해탈문을 얻었고, 부잡진구 주해신은 일체 중생의 번뇌바다를 능히 말려버리는 해탈문을 얻었다.

득령일체중생   이악도해탈문   길상보
得令一切衆生으로 離惡道解脫門하고 吉祥寶

월주해신   득보멸대치암해탈문   묘화용
月主海神은 得普滅大癡暗解脫門하고 妙華龍

계주해신   득멸일체제취고   여안락해탈
髻主海神은 得滅一切諸趣苦하야 與安樂解脫

문   보지광미주해신   득정치일체중생
門하고 普持光味主海神은 得淨治一切衆生의

제견우치성해탈문   보염화광주해신   득
諸見愚癡性解脫門하고 寶燄華光主海神은 得

출생일체보종성보리심해탈문   금강묘계
出生一切寶種性菩提心解脫門하고 金剛妙髻

주해신   득부동심공덕해해탈문   해조뇌
主海神은 得不動心功德海解脫門하고 海潮雷

음주해신   득보입법계삼매문해탈문
音主海神은 得普入法界三昧門解脫門하니라

항주파랑 주해신은 일체 중생이 악도를 여의게 하는 해탈문을 얻었고, 길상보월 주해신은 큰 어리석음을 널리 멸하는 해탈문을 얻었고, 묘화용계 주해신은 일체 모든 갈래의 고통을 멸하여 안락을 주는 해탈문을 얻었고, 보지광미 주해신은 일체 중생의 모든 소견과 우치한 성품을 깨끗이 다스리는 해탈문을 얻었다.

보염화광 주해신은 일체 보배종자의 성품인 보리심을 출생하는 해탈문을 얻었고, 금강묘계 주해신은 동요하지 않는 마음의 공덕바다 해탈문을 얻었고, 해조뇌음 주해신은 법계의 삼매문에 널리 들어가는 해탈문을 얻었다.

이시 출현보광주해신 승불위력 보관
爾時에 出現寶光主海神이 承佛威力하야 普觀

일체주해신중 이설송언
一切主海神衆하고 而說頌言하니라

불가사의대겁해 공양일체제여래
不可思議大劫海에 供養一切諸如來하사

보이공덕시군생 시고단엄최무비
普以功德施群生이실새 是故端嚴最無比로다

일체세간개출현 중생근욕미부지
一切世間皆出現하시니 衆生根欲靡不知하사

보위홍선대법해 차시견당소흔오
普爲弘宣大法海하시니 此是堅幢所欣悟로다

그 때에 출현보광 주해신이 부처님의 위신력
을 받들어 일체 주해신의 대중들을 널리 살펴
보고 게송을 설하여 말씀하였다.

불가사의한 큰 겁바다에서
일체 모든 여래께 공양하셔서
널리 공덕으로 중생들에게 베푸시니
그러므로 단엄함이 최상이라 비길 데 없도다.

일체 세간에 다 출현하시어
중생들의 근기와 욕망을 다 아셔서
널리 위하여 큰 법바다를 크게 펴시니
이것은 불가괴금강당 주해신이 깨달은 바로다.

일체세간중도사
一切世間衆導師의

법운대우불가측
法雲大雨不可測이라

소갈무궁제고해
消竭無窮諸苦海하시니

차이구진입법문
此離垢塵入法門이로다

일체중생번뇌부
一切衆生煩惱覆하야

유전제취수중고
流轉諸趣受衆苦어늘

위기개시여래경
爲其開示如來境하시니

보수궁신입차문
普水宮神入此門이로다

불어난사겁해중
佛於難思劫海中에

수행제행무유진
修行諸行無有盡하사

영절중생치혹망
永截衆生癡惑網하시니

보월어차능명입
寶月於此能明入이로다

일체 세간 온갖 도사들의

법구름 큰 비를 측량할 수 없음이라

무궁한 모든 고통바다를 없애주시니

부잡진구[離垢塵] 주해신이 이 법문에 들어갔도다.

일체 중생이 번뇌에 덮여서

모든 갈래에 흘러다니며 온갖 고통을 받거늘

그들을 위하여 여래의 경계를 열어 보이시니

항주파랑[普水宮] 주해신이 이 문에 들어갔도다.

부처님께서 생각하기 어려운 겁바다 가운데

모든 행을 수행하여 다함이 없으서서

중생들의 어리석은 미혹의 그물을 영원히 끊으시니

길상보월 주해신이 이에 능히 밝게 들어갔도다.

불견중생상공포
佛見衆生常恐怖하야

유전생사대해중
流轉生死大海中하시고

시피여래무상도
示彼如來無上道하시니

용계오해생흔열
龍髻悟解生欣悅이로다

제불경계부사의
諸佛境界不思議여

법계허공평등상
法界虛空平等相으로

능정중생치혹망
能淨衆生癡惑網하시니

여시지미능선설
如是持味能宣說이로다

불안청정부사의
佛眼淸淨不思議여

일체경계실해람
一切境界悉該覽하사

보시중생제묘도
普示衆生諸妙道하시니

차시화광심소오
此是華光心所悟로다

부처님께서는 중생들이 항상 두려워하면서
생사의 큰 바다 가운데 유전하는 것을 보시고
그들에게 여래의 위없는 도를 보이시니
묘화용계 주해신이 깨닫고 기뻐하였도다.

모든 부처님의 경계가 부사의함이여
법계와 허공의 평등한 모양으로
중생들의 어리석은 미혹의 그물을 깨끗하게 하시니
이러함은 보지광미 주해신이 연설하였도다.

부처님의 눈이 청정하고 부사의함이여
일체 경계를 다 갖추어 살피셔서
중생들에게 모든 미묘한 도를 널리 보이시니
이것은 보염화광 주해신이 마음에 깨달은 바로다.

마군광대무앙수
魔軍廣大無央數를

일찰나중실최멸
一刹那中悉摧滅하사대

심무경동난측량
心無傾動難測量이여

금강묘계지방편
金剛妙髻之方便이로다

보어시방연묘음
普於十方演妙音하사

기음법계미부주
其音法界靡不周하시니

차시여래삼매경
此是如來三昧境이라

해조음신소행처
海潮音神所行處로다

부차보발신류주하신
復次普發迅流主河神은

득보우무변법우해
得普雨無邊法雨解

탈문
脫門하고

보결천간주하신
普潔泉澗主河神은

득보현일체중생
得普現一切衆生

마군이 광대하여 셀 수 없으나
한 찰나에 다 꺾어 멸하시되
마음은 움직이지 않아 측량하기 어려움이여
금강묘계 주해신의 방편이로다.

널리 시방에서 묘음을 연설하시어
그 소리가 법계에 두루하시니
이것은 여래의 삼매경이라
해조뇌음 주해신이 행한 곳이로다.

또 보발신류 주하신은 널리 가없는 법의 비
를 내리는 해탈문을 얻었고, 보결천간 주하신
은 널리 일체 중생 앞에 나타나서 번뇌를 영원
히 여의게 하는 해탈문을 얻었고, 이진정안 주

전 영영리번뇌해탈문 이진정안주하
前하야 令永離煩惱解脫門하고 離塵淨眼主河

신 득이대비방편 보척일체중생 제혹
神은 得以大悲方便으로 普滌一切衆生의 諸惑

진구해탈문 시방변후주하신 득항출요
塵垢解脫門하고 十方徧吼主河神은 得恒出饒

익중생음해탈문 보구호중생주하신 득
益衆生音解脫門하고 普救護衆生主河神은 得

어일체함식중 항기무뇌해자해탈문 무
於一切含識中에 恒起無惱害慈解脫門하고 無

열정광주하신 득보시일체청량선근해탈
熱淨光主河神은 得普示一切淸凉善根解脫

문 보생환희주하신 득수행구족시 영
門하고 普生歡喜主河神은 得修行具足施하야 令

일체중생 영리간착해탈문 광덕승당
一切衆生으로 永離慳著解脫門하고 廣德勝幢

하신은 대비 방편으로 일체 중생의 모든 미혹과 번뇌의 때를 널리 씻는 해탈문을 얻었다.

시방변후 주하신은 항상 중생들을 넉넉하고 이익케 하는 소리를 내는 해탈문을 얻었고, 보구호중생 주하신은 일체 중생에게 괴로움의 피해가 없는 자비를 항상 일으키는 해탈문을 얻었고, 무열정광 주하신은 일체 청량한 선근을 널리 보이는 해탈문을 얻었고, 보생환희 주하신은 구족한 보시를 수행하여 일체 중생에게 간탐과 집착을 영원히 여의게 하는 해탈문을 얻었다.

광덕승당 주하신은 일체가 환희하는 복전을

주하신　　득작일체환희복전해탈문　　광조
主河神은 得作一切歡喜福田解脫門하고 光照

보세주하신　　득능령일체중생　　잡염자청
普世主河神은 得能令一切衆生으로 雜染者淸

정　　　진독자환희해탈문　　해덕광명주하
淨하며 瞋毒者歡喜解脫門하고 海德光明主河

신　　득능령일체중생　　입해탈해　　항수
神은 得能令一切衆生으로 入解脫海하야 恒受

구족락해탈문
具足樂解脫門하나라

이시　　보발신류주하신　　승불위력　　변관
爾時에 普發迅流主河神이 承佛威力하야 徧觀

일체주하신중　　이설송언
一切主河神衆하고 而說頌言하나라

짓는 해탈문을 얻었고, 광조보세 주하신은 능
히 일체 중생으로 하여금 더러움에 물든 이는
청정하게 하며 성내어 독 품은 이는 환희하게
하는 해탈문을 얻었고, 해덕광명 주하신은 능
히 일체 중생으로 하여금 해탈바다에 들어가
서 항상 구족한 즐거움을 받게 하는 해탈문을
얻었다.

그 때에 보발신류 주하신이 부처님의 위신력
을 받들어 일체 주하신의 대중들을 두루 살펴
보고 게송을 설하여 말씀하였다.

여래왕석위중생
如來往昔爲衆生하사

수치법해무변행
修治法海無邊行하시니

비여패택청염서
譬如霈澤淸炎暑하야

보멸중생번뇌열
普滅衆生煩惱熱이로다

불석난선무량겁
佛昔難宣無量劫에

이원광명정세간
以願光明淨世間하사

제근숙자영오도
諸根熟者令悟道케하시니

차보결신심소오
此普潔神心所悟로다

대비방편등중생
大悲方便等衆生이여

실현기전상화유
悉現其前常化誘하사

보사정치번뇌구
普使淨治煩惱垢케하시니

정안견차심환열
淨眼見此深歡悅이로다

여래께서 지난 옛적 중생들을 위하셔서

법바다의 가없는 행을 닦아 다스리시니

소나기가 무더위를 시원하게 하듯이

널리 중생들의 번뇌열을 없애주시도다.

부처님께서 옛적에 말하기 어려운 한량없는 겁 동안

서원의 광명으로 세간을 청정하게 하셔서

모든 근이 성숙한 이는 도를 깨닫게 하시니

이것은 보결천간 주하신이 마음에 깨달은 바로다.

대비의 방편이 중생들과 같으심이여

그들 앞에 다 나타나 항상 교화하셔서

널리 번뇌의 때를 깨끗이 다스리게 하시니

이진정안 주하신이 이것을 보고 깊이 기뻐하였도다.

불연묘음보사문
佛演妙音普使聞하사

중생애락심환희
衆生愛樂心歡喜어늘

실사척제무량고
悉使滌除無量苦케하시니

차변후신지해탈
此徧吼神之解脫이로다

불석수습보리행
佛昔修習菩提行하사

위리중생무량겁
爲利衆生無量劫이라

시고광명변세간
是故光明徧世間하시니

호신억념생환희
護神憶念生歡喜로다

불석수행위중생
佛昔修行爲衆生하사

종종방편영성숙
種種方便令成熟하야

보정복해제중고
普淨福海除衆苦하시니

무열견차심흔경
無熱見此心欣慶이로다

부처님께서 묘음을 연설하여 널리 듣게 하셔서
중생들이 사랑하고 즐기며 마음에 환희하여
모두 한량없는 고통을 씻어 없애게 하시니
이것은 시방변후 주하신의 해탈이로다.

부처님께서 옛적에 보리행을 닦으셔서
중생들을 이롭게 하심이 한량없는 겁이라
그러므로 광명이 세간에 두루하시니
보구호중생 주하신이 기억하고 환희하도다.

부처님께서 옛적에 수행하여 중생들을 위하셔서
갖가지 방편으로 성숙하게 하시어
널리 깨끗한 복바다로 온갖 고통을 없애주시니
무열정광 주하신이 이것을 보고 마음에 기뻐하였도다.

시문광대무궁진
施門廣大無窮盡_{이여}

일체중생함이익
一切衆生咸利益_{하사}

능령견자무간착
能令見者無慳著_{케하시니}

차보희신지소오
此普喜神之所悟_{로다}

불석수행실방편
佛昔修行實方便_{하사}

성취무변공덕해
成就無邊功德海_{하야}

능령견자미불흔
能令見者靡不欣_{케하시니}

차승당신심오열
此勝幢神心悟悅_{이로다}

중생유구함정치
衆生有垢咸淨治_{하시며}

일체원해등생자
一切怨害等生慈_라

고득광조만허공
故得光照滿虛空_{하시니}

보세하신견환희
普世河神見歡喜_{로다}

보시의 문이 광대하여 끝까지 다함이 없음이여
일체 중생을 다 이익되게 하셔서
보는 이들에게 간탐과 집착이 없게 하시니
이것은 보생환희 주하신이 깨달은 바로다.

부처님께서 옛적에 진실한 방편을 수행하시어
가없는 공덕바다를 성취하셔서
보는 이들이 다 기쁘게 하시니
이것은 광덕승당 주하신이 깨닫고 기뻐하였도다.

중생들에게 있는 때를 다 깨끗하게 하시며
일체 원수나 해친 이에게 평등하게 자비를 내심이라
그러므로 광명이 비추어 허공에 가득함을 얻으시니
광조보세 주하신이 보고 환희하도다.

불시복전공덕해
佛是福田功德海라

능령일체이제악
能令一切離諸惡하며

내지성취대보리
乃至成就大菩提케하시니

차 해 광 신 지 해 탈
此海光神之解脫이로다

부차유연승미주가신
復次柔輭勝味主稼神은

득여일체중생법자
得與一切衆生法滋

미
味하야

영성취불신해탈문
令成就佛身解脫門하고

시화정광주가
時華淨光主稼

신
神은

득능령일체중생
得能令一切衆生으로

수광대희락해탈
受廣大喜樂解脫

문
門하고

색력용건주가신
色力勇健主稼神은

득이일체원만법
得以一切圓滿法

문
門으로

정제경계해탈문
淨諸境界解脫門하고

증익정기주가신
增益精氣主稼神은

부처님은 복전이요 공덕의 바다라
일체가 모든 악을 여의게 하시며
내지 큰 보리를 성취하게 하시니
이것은 해덕광명 주하신의 해탈이로다.

또 유연승미 주가신은 일체 중생에게 법의 자
미를 주어서 부처님 몸을 성취하게 하는 해탈
문을 얻었고, 시화정광 주가신은 능히 일체 중
생으로 하여금 광대한 기쁨과 즐거움을 받게
하는 해탈문을 얻었고, 색력용건 주가신은 일
체 원만한 법문으로 모든 경계를 깨끗하게 하
는 해탈문을 얻었다.

득견불대비무량신통변화력해탈문　　보생
得見佛大悲無量神通變化力解脫門하고 普生

근과주가신　　득보현불복전　　영하종무실
根果主稼神은 得普現佛福田하야 令下種無失

괴해탈문　　묘엄환계주가신　　득보발중
壞解脫門하고 妙嚴環髻主稼神은 得普發衆

생　정신화해탈문　　윤택정화주가신　　득
生의 淨信華解脫門하고 潤澤淨華主稼神은 得

대자민　　제제중생　　영증장복덕해해탈
大慈愍으로 濟諸衆生하야 令增長福德海解脫

문　　성취묘향주가신　　득광개시일체행법
門하고 成就妙香主稼神은 得廣開示一切行法

해탈문　　견자애락주가신　　득능령법계일
解脫門하고 見者愛樂主稼神은 得能令法界一

체중생　　사리해태우뇌등　　제악보청정
切衆生으로 捨離懈怠憂惱等하야 諸惡普清淨

증익정기 주가신은 부처님의 대비와 한량없는 신통 변화의 힘을 보는 해탈문을 얻었고, 보생근과 주가신은 부처님의 복전을 널리 나타내어 하여금 종자를 심어서 손실이 없게 하는 해탈문을 얻었고, 묘엄환계 주가신은 널리 중생들의 깨끗한 믿음의 꽃을 피게 하는 해탈문을 얻었고, 윤택정화 주가신은 크게 자애롭고 불쌍히 여김으로 모든 중생들을 구제하여 복덕바다를 증장하게 하는 해탈문을 얻었다.

성취묘향 주가신은 일체 수행법을 널리 열어 보이는 해탈문을 얻었고, 견자애락 주가신은 법계의 일체 중생으로 하여금 게으름과 근심과

해탈문　　이구광명주가신　　득관찰일체중
解脫門하고　離垢光明主稼神은　得觀察一切衆

생선근　　　수응설법　　　영중회환희만족해
生善根하야　隨應說法하야　令衆會歡喜滿足解

탈문
脫門하니라

이시　　유연승미주가신　　승불위력　　　변관
爾時에　柔輭勝味主稼神이　承佛威力하야　徧觀

일체주가신중　　이설송언
一切主稼神衆하고　而說頌言하니라

번뇌 등을 버리고 여의어서 모든 악을 널리 청정하게 하는 해탈문을 얻었고, 이구광명 주가신은 일체 중생의 선근을 관찰하고 알맞게 설법하여 회중들이 환희하고 만족하게 하는 해탈문을 얻었다.

그 때에 유연승미 주가신이 부처님의 위신력을 받들어 일체 주가신의 대중들을 두루 살펴보고 게송을 설하여 말씀하였다.

여래무상공덕해
如來無上功德海가

보현명등조세간
普現明燈照世間하사

일체중생함구호
一切衆生咸救護하야

실여안락무유자
悉與安樂無遺者로다

세존공덕무유변
世尊功德無有邊하사

중생문자부당연
衆生聞者不唐捐이라

실사이고상환희
悉使離苦常歡喜케하시니

차시시화지소입
此是時華之所入이로다

선서제력개원만
善逝諸力皆圓滿하사

공덕장엄현세간
功德莊嚴現世間하야

일체중생실조복
一切衆生悉調伏하시니

차법용력능명증
此法勇力能明證이로다

여래의 위없는 공덕바다가

밝은 등불을 널리 나타내 세간을 비추시어

일체 중생을 모두 구호하셔서

다 안락을 주시어 남은 이가 없도다.

세존의 공덕은 끝이 없으셔서

중생들이 들으면 헛되지 않음이라

모두 괴로움을 여의고 항상 환희하게 하시니

이것은 시화정광 주가신이 들어간 바로다.

선서께서는 모든 힘이 다 원만하시어

공덕으로 장엄하고 세간에 나타나셔서

일체 중생을 다 조복하시니

이 법은 색력용건 주가신이 능히 밝게 증득하였도다.

불석수치대비해
佛昔修治大悲海하사

기심염념등세간
其心念念等世間이라

시고신통무유변
是故神通無有邊하시니

증익정기능관견
增益精氣能觀見이로다

불변세간상현전
佛徧世間常現前하사

일체방편무공과
一切方便無空過하야

실정중생제혹뇌
悉淨衆生諸惑惱하시니

차보생신지해탈
此普生神之解脫이로다

불시세간대지해
佛是世間大智海라

방정광명무불변
放淨光明無不徧하사

광대신해실종생
廣大信解悉從生하니

여시엄계능명입
如是嚴髻能明入이로다

부처님께서 옛적에 대비바다를 닦으셔서
그 마음이 순간순간 세간과 평등함이라
그러므로 신통이 끝이 없으시니
증익정기 주가신이 능히 관해 보았도다.

부처님께서 온 세간에 항상 나타나셔서
일체 방편이 헛되지 아니하여
중생들의 모든 번뇌를 다 깨끗하게 하시니
이것은 보생근과 주가신의 해탈이로다.

부처님은 세간의 큰 지혜바다라
깨끗한 광명을 놓아 두루하지 않음이 없으셔서
광대한 믿음과 이해가 다 좇아 생겨나니
이러함은 묘엄환계 주가신이 밝게 들어갔도다.

여래관세기자심
如來觀世起慈心하사

위리중생이출현
爲利衆生而出現하야

시피염이최승도
示彼恬怡最勝道하시니

차정화신지해탈
此淨華神之解脫이로다

선서소수청정행
善逝所修淸淨行을

보리수하구선설
菩提樹下具宣說하사

여시교화만시방
如是敎化滿十方하시니

차묘향신능청수
此妙香神能聽受로다

불어일체제세간
佛於一切諸世間에

실사이우생대희
悉使離憂生大喜하야

소유근욕개치정
所有根欲皆治淨하시니

가애락신사오입
可愛樂神斯悟入이로다

여래께서 세상을 관하고 자애심을 일으키시어
중생들을 이롭게 하려고 출현하셔서
저 편안하고 기쁜 가장 수승한 길을 보이시니
이것은 윤택정화 주가신의 해탈이로다.

선서께서 닦으신 청정한 행을
보리수 아래에서 갖추어 연설하셔서
이러한 교화가 시방에 충만하시니
이것은 성취묘향 주가신이 듣고 받았도다.

부처님께서 일체 모든 세간에서
다 근심을 여의고 큰 기쁨을 내게 하시어
있는 바 근기와 욕망을 다 다스려 깨끗하게 하시니
견자애락[可愛樂] 주가신이 이에 깨달아 들어갔도다.

여래출현어세간
如來出現於世間하사

보관중생심소락
普觀衆生心所樂하시고

종종방편이성숙
種種方便而成熟하시니

차정광신해탈문
此淨光神解脫門이로다

부차길상주약신　　득보관일체중생심　　이
復次吉祥主藥神은　得普觀一切衆生心하야　而

근섭취해탈문　　전단림주약신　　득이광
勤攝取解脫門하고　栴檀林主藥神은　得以光

명　　섭중생　　비견자　　무공과해탈문
明으로　攝衆生하야　俾見者로　無空過解脫門하고

이진광명주약신　　득능이정방편　　멸일체
離塵光明主藥神은　得能以淨方便으로　滅一切

중생번뇌해탈문　　명칭보문주약신　　득능
衆生煩惱解脫門하고　名稱普聞主藥神은　得能

여래께서 세간에 출현하셔서
중생들이 마음에 즐기는 것을 널리 관하시고
갖가지 방편으로 성숙하게 하시니
이것은 이구광명[淨光] 주가신의 해탈문이로다.

또 길상 주약신은 일체 중생의 마음을 널리 관하여 부지런히 거두어들이는 해탈문을 얻었고, 전단림 주약신은 광명으로 중생들을 거두어서 보는 이로 하여금 헛됨이 없게 하는 해탈문을 얻었고, 이진광명 주약신은 능히 깨끗한 방편으로 일체 중생의 번뇌를 멸하는 해탈문을 얻었다.

명칭보문 주약신은 능히 큰 이름으로 가없는

이대명칭 증장무변선근해해탈문 모
以大名稱으로 增長無邊善根海解脫門하고 毛

공현광주약신 득대비당 속부일체병경
孔現光主藥神은 得大悲幢으로 速赴一切病境

계해탈문 파암청정주약신 득요치일체
界解脫門하고 破暗清淨主藥神은 得療治一切

맹명중생 영지안청정해탈문 보발후
盲冥衆生하야 令智眼清淨解脫門하고 普發吼

성주약신 득능연불음 설제법차별의해
聲主藥神은 得能演佛音하야 說諸法差別義解

탈문 폐일광당주약신 득능작일체중
脫門하고 蔽日光幢主藥神은 得能作一切衆

생 선지식 영견자 함생선근해탈문
生의 善知識하야 令見者로 咸生善根解脫門하고

명견시방주약신 득청정대비장 능이방
明見十方主藥神은 得清淨大悲藏하야 能以方

선근바다를 증장하는 해탈문을 얻었고, 모공현광 주약신은 대비의 당기로 일체 병의 경계에 빨리 나아가는 해탈문을 얻었고, 파암청정 주약신은 일체 눈 어두운 중생들을 치료하여 지혜의 눈이 청정하게 하는 해탈문을 얻었다.

보발후성 주약신은 능히 부처님의 소리를 펴서 모든 법의 차별한 뜻을 설하는 해탈문을 얻었고, 폐일광당 주약신은 능히 일체 중생의 선지식이 되어서 보는 이가 다 선근을 내게 하는 해탈문을 얻었고, 명견시방 주약신은 청정한 대비의 창고를 얻어서 능히 방편으로 믿음과 이해를 내게 하는 해탈문을 얻었고, 보발위

편   영생신해해탈문   보발위광주약신
便으로 令生信解解脫門하고 普發威光主藥神은

득방편   영염불   멸일체중생병해탈문
得方便으로 令念佛하야 滅一切衆生病解脫門하니라

이시   길상주약신   승불위력   변관일체
爾時에 吉祥主藥神이 承佛威力하야 徧觀一切

주약신중   이설송언
主藥神衆하고 而說頌言하니라

여래지혜부사의   실지일체중생심
如來智慧不思議여 悉知一切衆生心하사

능이종종방편력   멸피군미무량고
能以種種方便力으로 滅彼群迷無量苦로다

광 주약신은 방편으로 부처님을 생각하게 해서 일체 중생의 병을 소멸하는 해탈문을 얻었다.

그 때에 길상 주약신이 부처님의 위신력을 받들어 일체 주약신의 대중들을 두루 살펴보고 게송을 설하여 말씀하였다.

여래의 지혜가 부사의함이여
일체 중생의 마음을 다 아셔서
능히 갖가지 방편의 힘으로
저 미혹한 중생들의 한량없는 고통을 멸하시도다.

대웅선교난측량
大雄善巧難測量이라

범유소작무공과
凡有所作無空過하사

필사중생제고멸
必使衆生諸苦滅케하시니

전단림신능오차
栴檀林神能悟此로다

여관제불법여시
汝觀諸佛法如是하라

왕실근수무량겁
往悉勤修無量劫하사대

이어제유무소착
而於諸有無所著하시니

차이진광소입문
此離塵光所入門이로다

불백천겁난가우
佛百千劫難可遇라

약유득견급문명
若有得見及聞名이면

필령획익무공과
必令獲益無空過케하시니

차보칭신지소료
此普稱神之所了로다

대웅의 좋은 방편은 측량하기 어려움이여
무릇 하시는 일이 헛되지 아니하여
반드시 중생들에게 모든 고통을 멸하게 하시니
전단림 주약신이 이것을 능히 깨달았도다.

그대는 모든 부처님의 법이 이와 같음을 관해 보라
지난 옛적 한량없는 겁 동안 다 부지런히 닦으시되
모든 존재에 집착한 바가 없으시니
이것은 이진광명 주약신이 들어간 문이로다.

부처님은 백천 겁에도 만나기 어려워
만약 어떤 이가 보거나 이름만 들어도
반드시 이익을 얻고 헛됨이 없게 하시니
이것은 명칭보문 주약신이 요달한 바로다.

여래일일모공중
如來一一毛孔中에

실방광명멸중환
悉放光明滅衆患하사

세간번뇌개영진
世間煩惱皆令盡하시니

차현광신소입문
此現光神所入門이로다

일체중생치소맹
一切衆生癡所盲으로

혹업중고무량별
惑業衆苦無量別이어든

불실견제개지조
佛悉蠲除開智照하시니

여시파암능관견
如是破暗能觀見이로다

여래일음무한량
如來一音無限量이여

능개일체법문해
能開一切法門海하사

중생청자실요지
衆生聽者悉了知하니

차시대음지해탈
此是大音之解脫이로다

여래의 낱낱 모공 가운데서
다 광명을 놓아 온갖 근심을 멸하시어
세간의 번뇌를 모두 다하게 하시니
이것은 모공현광 주약신이 들어간 문이로다.

일체 중생이 어리석어 눈 어두운 바로
미혹한 업의 온갖 고통이 한량없이 다른데
부처님께서 다 없애고 지혜를 열어 비추시니
이러함은 파암청정 주약신이 능히 관해 보았도다.

여래의 한 음성이 한량없음이여
능히 일체 법문바다를 여셔서
중생들이 들으면 다 분명히 아니
이것은 보발후성[大音] 주약신의 해탈이로다.

여관불지난사의
汝觀佛智難思議하라

보현제취구군생
普現諸趣救群生하사

능령견자개종화
能令見者皆從化케하시니

차폐일당심오료
此蔽日幢深悟了로다

여래대비방편해
如來大悲方便海여

위리세간이출현
爲利世間而出現하사

광개정도시중생
廣開正道示衆生하시니

차견방신능요달
此見方神能了達이로다

여래보방대광명
如來普放大光明하사

일체시방무부조
一切十方無不照하야

영수염불생공덕
令隨念佛生功德케하시니

차발위광해탈문
此發威光解脫門이로다

34

그대는 부처님의 지혜가 사의하기 어려움을 관해 보라

널리 모든 갈래에 나타나 중생들을 구제하셔서

보는 이가 다 교화를 따르게 하시니

이것은 폐일광당 주약신이 깊이 깨달았도다.

여래의 대비 방편바다여

세간을 이롭게 하려고 출현하셔서

바른 길을 널리 열어 중생들에게 보이시니

이것은 명견시방 주약신이 능히 요달하였도다.

여래께서 큰 광명을 널리 놓으시어

일체 시방을 비추지 않음이 없으셔서

부처님 생각함을 따라 공덕이 나게 하시니

이것은 보발위광 주약신의 해탈문이로다.

부차포화여운주림신　득광대무변지해장
復次布華如雲主林神은　得廣大無邊智海藏

해탈문　탁간서광주림신　득광대수치
解脫門하고　擢幹舒光主林神은　得廣大修治하야

보청정해탈문　생아발요주림신　득증장
普淸淨解脫門하고　生芽發耀主林神은　得增長

종종정신아해탈문　길상정엽주림신　득
種種淨信芽解脫門하고　吉祥淨葉主林神은　得

일체청정공덕장엄취해탈문　수포염장주
一切淸淨功德莊嚴聚解脫門하고　垂布燄藏主

림신　득보문청정혜　항주람법계해탈문
林神은　得普門淸淨慧로　恒周覽法界解脫門하고

묘장엄광주림신　득보지일체중생행해
妙莊嚴光主林神은　得普知一切衆生行海하야

이흥포법운해탈문　가의뇌성주림신　득
而興布法雲解脫門하고　可意雷聲主林神은　得

또 포화여운 주림신은 광대하고 가없는 지혜 바다 창고의 해탈문을 얻었고, 탁간서광 주림신은 광대하게 닦아 다스려 널리 청정하게 하는 해탈문을 얻었고, 생아발요 주림신은 갖가지 깨끗한 믿음의 싹을 증장시키는 해탈문을 얻었다.

길상정엽 주림신은 일체 청정한 공덕 장엄무더기의 해탈문을 얻었고, 수포염장 주림신은 넓은 문의 청정한 지혜로 항상 법계를 두루 보는 해탈문을 얻었고, 묘장엄광 주림신은 일체 중생의 행의 바다를 널리 알아서 법의 구름을 일으키는 해탈문을 얻었고, 가의뇌성 주

인수일체불가의성　　연청정음해탈문　　향
忍受一切不可意聲하야 演淸淨音解脫門하고 香

광보변주림신　　득시방보현석소수치광대행
光普徧主林神은 得十方普現昔所修治廣大行

경계해탈문　　묘광형요주림신　　득이일체
境界解脫門하고 妙光迴耀主林神은 得以一切

공덕법　　요익세간해탈문　　화과광미주
功德法으로 饒益世閒解脫門하고 華果光味主

림신　　득능령일체　　견불출흥　　상경염불
林神은 得能令一切로 見佛出興하고 常敬念不

망　　장엄공덕장해탈문
忘하야 莊嚴功德藏解脫門하니라

이시　　포화여운주림신　　승불위력　　보관
爾時에 布華如雲主林神이 承佛威力하야 普觀

림신은 일체 뜻에 맞지 않는 소리를 참고 받아

들여서 청정한 음성을 내는 해탈문을 얻었다.

　향광보변 주림신은 옛적에 닦았던 광대한 행

의 경계를 시방에 널리 나타내는 해탈문을 얻

었고, 묘광형요 주림신은 일체 공덕의 법으로

세간을 요익케 하는 해탈문을 얻었고, 화과광

미 주림신은 능히 일체가 부처님께서 출현하

심을 보고 항상 공경하는 생각을 잊지 않고

장엄하게 하는 공덕 창고의 해탈문을 얻었다.

　그 때에 포화여운 주림신이 부처님의 위신력

을 받들어 일체 주림신의 대중들을 널리 살펴

일체주림신중　　이설송언
一切主林神衆하고 而說頌言하니라

불석수집보리행　　복덕지혜실성만
佛昔修集菩提行하사 福德智慧悉成滿하시며

일체제력개구족　　방대광명출세간
一切諸力皆具足하사 放大光明出世間이로다

비문무량등중생　　여래왕석보정치
悲門無量等衆生을 如來往昔普淨治라

시고어세능위익　　차탁간신지소료
是故於世能爲益하시니 此擢幹神之所了로다

보고 게송을 설하여 말씀하였다.

부처님께서 옛적에 보리행을 닦으셔서
복덕과 지혜가 다 원만하시며
일체 모든 힘을 다 구족하시어
큰 광명을 놓으며 세간에 출현하셨도다.

자비의 문이 한량없어 중생들과 평등함을
여래께서 지난 옛적에 널리 깨끗하게 닦으심이라
그러므로 세상을 능히 이익하게 하시니
이것은 탁간서광 주림신이 깨달은 바로다.

약유중생일견불
若有衆生一見佛_{이면} 필사입어심신해
必使入於深信海_{하야}

보시일체여래도
普示一切如來道_{하시니} 차묘아신지해탈
此妙芽神之解脫_{이로다}

일모소집제공덕
一毛所集諸功德_을 겁해선양불가진
劫海宣揚不可盡_{이니}

제불방편난사의
諸佛方便難思議_여 정엽능명차심의
淨葉能明此深義_{로다}

아념여래어왕석
我念如來於往昔_에 공양찰진무량불
供養刹塵無量佛_{하사}

일일불소지점명
一一佛所智漸明_{하시니} 차염장신지소료
此焰藏神之所了_{로다}

만약 중생들이 한 번만 부처님을 친견하면
반드시 깊은 신심의 바다에 들어가게 하셔서
일체 여래의 도를 널리 보이시니
이것은 생아발요[妙芽] 주림신의 해탈이로다.

한 터럭에 모인 모든 공덕을
오랜 겁 선양해도 다할 수 없으니
모든 부처님의 방편이 사의하기 어려움이여
길상정엽 주림신이 이 깊은 뜻을 능히 밝혔도다.

내가 생각하니 여래께서 지난 옛적에
세계 티끌 수의 한량없는 부처님께 공양하셔서
낱낱 부처님 처소에서 지혜가 점점 밝으시니
이것은 수포염장 주림신이 깨달은 바로다.

일체중생제행해
一切衆生諸行海를

세존일념실요지
世尊一念悉了知하시니

여시광대무애지
如是廣大無礙智여

묘장엄신능오입
妙莊嚴神能悟入이로다

항연여래적묘음
恒演如來寂妙音하사

보생무등대환희
普生無等大歡喜하야

수기해욕개령오
隨其解欲皆令悟케하시니

차시뇌음소행법
此是雷音所行法이로다

여래시현대신통
如來示現大神通하사

시방국토개주변
十方國土皆周徧하야

불석수행실령견
佛昔修行悉令見케하시니

차보향광소입문
此普香光所入門이로다

일체 중생의 모든 행의 바다를

세존께서 한 생각에 다 요달해 아시니

이와 같이 광대하고 걸림 없는 지혜시여

묘장엄광 주림신이 능히 깨달아 들어갔도다.

여래의 고요하고 미묘한 음성을 항상 펴시어

같음이 없는 큰 환희를 널리 내셔서

그 이해와 하고자 함을 따라 다 깨닫게 하시니

이것은 가의뇌성[雷音] 주림신이 행한 바 법이로다.

여래께서 큰 신통을 나타내 보이시어

시방 국토에 다 두루하셔서

부처님의 옛적 수행을 다 보게 하시니

이것은 향광보변[普香光] 주림신이 들어간 문이로다.

중생험피불수덕
衆生譣詖不修德하고

미혹침류생사중
迷惑沈流生死中이어늘

위피천명중지도
爲彼闡明衆智道하시니

차묘광신지소견
此妙光神之所見이로다

불위업장제중생
佛爲業障諸衆生하사

경어억겁시내현
經於億劫時乃現하시며

기여염념상령견
其餘念念常令見케하시니

차미광신소관찰
此昧光神所觀察이로다

부차보봉개화주산신
復次寶峰開華主山神은

득입대적정광명해
得入大寂定光明解

탈문
脫門하고

화림묘계주산신
華林妙髻主山神은

득수집자선근
得修集慈善根하야

중생들이 간사하여 덕을 닦지 않고
미혹하여 생사 가운데 빠져 헤매거늘
그들을 위하여 온갖 지혜의 길을 밝히시니
이것은 묘광형요 주림신이 본 바로다.

부처님께서 업장의 모든 중생들을 위하셔서
억 겁의 시간을 지나 이에 출현하시며
그런 뒤에 순간순간 늘 보게 하시니
이것은 화과광미 주림신이 관찰한 바로다.

또 보봉개화 주산신은 크고 고요한 선정의
광명에 들어가는 해탈문을 얻었고, 화림묘계
주산신은 자애의 선근을 닦아 모아서 불가사

성숙불가사의수중생해탈문　　고당보조주
成熟不可思議數衆生解脫門하고 高幢普照主

산신　　득관찰일체중생심소락　　엄정제근
山神은 得觀察一切衆生心所樂하야 嚴淨諸根

해탈문　　이진보계주산신　　득무변겁해
解脫門하고 離塵寶髻主山神은 得無邊劫海에

근정진무염태해탈문　　광조시방주산신
勤精進無厭怠解脫門하고 光照十方主山神은

득이무변공덕광　　보각오해탈문　　대력광
得以無邊功德光으로 普覺悟解脫門하고 大力光

명주산신　　득능자성숙　　부영중생　　사
明主山神은 得能自成熟하고 復令衆生으로 捨

리우미행해탈문　　위광보승주산신　　득발
離愚迷行解脫門하고 威光普勝主山神은 得拔

일체고　　사무유여해탈문　　미밀광륜주
一切苦하야 使無有餘解脫門하고 微密光輪主

의한 수의 중생들을 성숙케 하는 해탈문을 얻었고, 고당보조 주산신은 일체 중생의 마음에 즐기는 바를 관찰하여 모든 근을 청정하게 하는 해탈문을 얻었다.

이진보계 주산신은 가없는 겁바다에 부지런히 정진해서 게으름이 없는 해탈문을 얻었고, 광조시방 주산신은 가없는 공덕의 광명으로 널리 깨닫는 해탈문을 얻었고, 대력광명 주산신은 능히 스스로 성숙하고 다시 중생들에게 어리석은 행을 버리고 여의게 하는 해탈문을 얻었고, 위광보승 주산신은 일체 고통을 빼내어 남음이 없게 하는 해탈문을 얻었다.

산신　　득연교법광명　　현시일체여래공덕
山神은　得演敎法光明하야　顯示一切如來功德

해탈문　　보안현견주산신　　득령일체중생
解脫門하고　普眼現見主山神은　得令一切衆生으로

내지어몽중　　증장선근해탈문　　금강견
乃至於夢中에　增長善根解脫門하고　金剛堅

고안주산신　　득출현무변대의해해탈문
固眼主山神은　得出現無邊大義海解脫門하니라

이시　　개화잡지주산신　　승불위력　　보관
爾時에　開華市地主山神이　承佛威力하야　普觀

일체주산신중　　이설송언
一切主山神衆하고　而說頌言하니라

미밀광륜 주산신은 교법의 광명을 연설하여 일체 여래의 공덕을 나타내 보이는 해탈문을 얻었고, 보안현견 주산신은 일체 중생으로 하여금 꿈속에서도 선근을 증장하게 하는 해탈문을 얻었고, 금강견고안 주산신은 가없는 큰 뜻의 바다를 나타내는 해탈문을 얻었다.

그 때에 개화잡지 주산신이 부처님의 위신력을 받들어 일체 주산신의 대중들을 널리 살펴보고 게송을 설하여 말씀하였다.

왕 수 승 행 무 유 변
往修勝行無有邊일새

금 획 신 통 역 무 량
今獲神通亦無量이라

법 문 광 벽 여 진 수
法門廣闢如塵數하사

실 사 중 생 심 오 희
悉使衆生深悟喜로다

중 상 엄 신 변 세 간
衆相嚴身徧世間이여

모 공 광 명 실 청 정
毛孔光明悉淸淨하사

대 자 방 편 시 일 체
大慈方便示一切하시니

화 림 묘 계 오 차 문
華林妙髻悟此門이로다

불 신 보 현 무 유 변
佛身普現無有邊이여

시 방 세 계 개 충 만
十方世界皆充滿하사

제 근 엄 정 견 자 희
諸根嚴淨見者喜하니

차 법 고 당 능 오 입
此法高幢能悟入이로다

옛적에 닦으신 수승한 행이 가없으므로
지금 얻으시는 신통도 한량없음이라
법문을 널리 여심이 티끌 수 같아서
중생들로 하여금 깊이 깨달아 기쁘게 하시도다.

온갖 모습으로 장엄한 몸이 세간에 두루하심이여
모공의 광명도 다 청정하셔서
큰 자애의 방편으로 일체에게 보이시니
화림묘계 주산신이 이 문을 깨달았도다.

부처님 몸이 널리 나타나시어 끝이 없음이여
시방 세계에 다 충만하셔서
모든 근이 깨끗이 장엄되어 보는 이가 기뻐하니
이 법은 고당보조 주산신이 능히 깨달아 들어갔도다.

역겁근수무해권
歷劫勤修無懈倦이여

불염세법여허공
不染世法如虛空하사

종종방편화군생
種種方便化群生하시니

오차법문명보계
悟此法門名寶髻로다

중생맹암입험도
衆生盲暗入險道어늘

불애민피서광조
佛哀愍彼舒光照하사

보사세간종수교
普使世間從睡覺케하시니

위광오차심생희
威光悟此心生喜로다

석재제유광수행
昔在諸有廣修行하사대

공양찰진무수불
供養刹塵無數佛하사

영중생견발대원
令衆生見發大願케하시니

차지대력능명입
此地大力能明入이로다

오랜 겁 동안 부지런히 닦아 게으름이 없으심이여

세상 법에 물들지 않음이 허공과 같으셔서

갖가지 방편으로 중생들을 교화하시니

이 법문을 깨달은 이는 이진보계 주산신이로다.

중생들이 눈이 어두워 험한 길에 들어가는데

부처님께서 그들을 애민히 여겨 광명을 비추셔서

널리 세간으로 하여금 잠에서 깨게 하시니

광조시방[威光] 주산신이 이것을 깨닫고 기뻐하였도다.

옛적에 세상에서 널리 수행하실 때

세계 티끌 수 같은 무수한 부처님께 공양하셔서

중생들이 보고 큰 서원을 내게 하시니

이 지위에 대력광명 주산신이 밝게 들어갔도다.

견제중생유전고
見諸衆生流轉苦와

일체업장항전부
一切業障恒纏覆하시고

이지혜광실멸제
以智慧光悉滅除하시니

차보승신지해탈
此普勝神之解脫이로다

일일모공출묘음
一一毛孔出妙音하사

수중생심찬제불
隨衆生心讚諸佛하사대

실변시방무량겁
悉徧十方無量劫하시니

차시광륜소입문
此是光輪所入門이로다

불변시방보현전
佛徧十方普現前하사

종종방편설묘법
種種方便說妙法하사

광익중생제행해
廣益衆生諸行海하시니

차현견신지소오
此現見神之所悟로다

모든 중생들이 고통에 유전하고
일체 업장에 항상 덮여있음을 보시고
지혜의 빛으로 다 멸하여 없애주시니
이것은 위광보승 주산신의 해탈이로다.

낱낱 모공에서 미묘한 소리를 내셔서
중생들의 마음 따라 모든 부처님을 찬탄하시되
시방의 한량없는 겁에 다 두루하시니
이것은 미밀광륜 주산신이 들어간 문이로다.

부처님께서 온 시방에 널리 나타나시어
갖가지 방편으로 미묘한 법을 설하셔서
중생들에게 이익 주는 모든 행바다를 넓히시니
이것은 보안현견 주산신이 깨달은 바로다.

법문여해무변량　　　일음위설실령해
法門如海無邊量을　　一音爲說悉令解하사대

일체겁중연불궁　　　입차방편금강목
一切劫中演不窮하시니　入此方便金剛目이로다

부차보덕정화주지신　득이자비심　　염념
復次普德淨華主地神은　得以慈悲心으로　念念

보관일체중생해탈문　　견복장엄주지신
普觀一切衆生解脫門하고　堅福莊嚴主地神은

득보현일체중생복덕력해탈문　　묘화엄수
得普現一切衆生福德力解脫門하고　妙華嚴樹

주지신　득보입제법　　출생일체불찰장엄
主地神은　得普入諸法하야　出生一切佛刹莊嚴

해탈문　보산중보주지신　득수습종종제
解脫門하고　普散衆寶主地神은　得修習種種諸

법문이 바다와 같아 헤아릴 수 없음을

한 소리로 설하여 다 알게 하시되

일체 겁 동안 연설하셔도 다함이 없으니

이 방편에 들어간 이는 금강견고안 주산신이로다.

또 보덕정화 주지신은 자비심으로 순간순간

일체 중생을 널리 관하는 해탈문을 얻었고,

견복장엄 주지신은 일체 중생의 복덕의 힘을

널리 나타내는 해탈문을 얻었고, 묘화엄수 주

지신은 모든 법에 널리 들어가서 일체 부처님

세계의 장엄을 출생하는 해탈문을 얻었다.

보산중보 주지신은 갖가지 모든 삼매를 닦아

삼매　　영중생제장구해탈문　　정목관시
三昧_{하야} 令衆生除障垢解脫門_{하고} 淨目觀時

주지신　　득령일체중생　　상유희쾌락해탈
主地神_은 得令一切衆生_{으로} 常遊戲快樂解脫

문　　금색묘안주지신　　득시현일체청정
門_{하고} 金色妙眼主地神_은 得示現一切淸淨

신　　조복중생해탈문　　향모발광주지신
身_{하야} 調伏衆生解脫門_{하고} 香毛發光主地神_은

득요지일체불공덕해대위력해탈문　　적음
得了知一切佛功德海大威力解脫門_{하고} 寂音

열의주지신　　득보섭지일체중생언음해해
悅意主地神_은 得普攝持一切衆生言音海解

탈문　　묘화선계주지신　　득충만불찰이구
脫門_{하고} 妙華旋髻主地神_은 得充滿佛刹離垢

성해탈문　　금강보지주지신　　득일체불법
性解脫門_{하고} 金剛普持主地神_은 得一切佛法

서 중생들이 장애의 때를 없애게 하는 해탈문을 얻었고, 정목관시 주지신은 일체 중생이 항상 유희하며 쾌락하게 하는 해탈문을 얻었고, 금색묘안 주지신은 일체 청정한 몸을 나타내어 중생들을 조복하는 해탈문을 얻었고, 향모발광 주지신은 일체 부처님 공덕바다의 큰 위력을 요달해 아는 해탈문을 얻었다.

적음열의 주지신은 널리 일체 중생의 음성바다를 거두어 지니는 해탈문을 얻었고, 묘화선계 주지신은 부처님 세계에 충만한 때를 여읜 성품의 해탈문을 얻었고, 금강보지 주지신은 일체 부처님 법륜의 거두어 지닌 바로 널리 출

륜소섭지　보출현해탈문
輪所攝持로 普出現解脫門하니라

이시　보덕정화주지신　승불위력　보관
爾時에 普德淨華主地神이 承佛威力하야 普觀

일체주지신중　이설송언
一切主地神衆하고 而說頌言하니라

여래왕석염념중　대자비문불가설
如來往昔念念中에　大慈悲門不可說이라

여시수행무유이　고득견뢰불괴신
如是修行無有已실새　故得堅牢不壞身이로다

현하는 해탈문을 얻었다.

그 때에 보덕정화 주지신이 부처님의 위신력
을 받들어 일체 주지신의 대중들을 널리 살펴
보고 게송을 설하여 말씀하였다.

여래의 지난 옛적 순간순간마다
대자비의 문이 이루 말할 수 없음이라
이러한 수행이 끝이 없으시니
그러므로 견고하여 무너지지 않는 몸을 얻으셨도다.

삼세중생급보살
三世衆生及菩薩의

소유일체중복취
所有一切衆福聚를

실현여래모공중
悉現如來毛孔中하시니

복엄견이생환희
福嚴見已生歡喜로다

광대적정삼마지
廣大寂靜三摩地여

불생불멸무래거
不生不滅無來去호대

엄정국토시중생
嚴淨國土示衆生하시니

차수화신지해탈
此樹華神之解脫이로다

불어왕석수제행
佛於往昔修諸行하사

위영중생소중장
爲令衆生消重障하시니

보산중보주지신
普散衆寶主地神이

견차해탈생환희
見此解脫生歡喜로다

삼세의 중생들과 보살들이
있는 바 온갖 복의 무더기를
여래의 모공에 다 나타내시니
견복장엄 주지신이 보고서 환희하였도다.

광대하고 적정한 삼마지여
나지도 않고 멸하지도 않고 오고 감도 없으나
깨끗이 장엄한 국토를 중생들에게 보이시니
이것은 묘화엄수 주지신의 해탈이로다.

부처님께서 지난 옛적에 모든 행을 닦으셔서
중생들이 무거운 장애를 소멸케 하시니
보산중보 주지신이
이 해탈을 보고 환희하였도다.

여래경계무변제
如來境界無邊際하사

염념보현어세간
念念普現於世聞하시니

정목관시주지신
淨目觀時主地神이

견불소행심경열
見佛所行心慶悅이로다

묘음무한부사의
妙音無限不思議라

보위중생멸번뇌
普爲衆生滅煩惱하시니

금색안신능요오
金色眼神能了悟하야

견불무변승공덕
見佛無邊勝功德이로다

일체색형개화현
一切色形皆化現하사

시방법계실충만
十方法界悉充滿하시니

향모발광상견불
香毛發光常見佛의

여시보화제중생
如是普化諸衆生이로다

여래의 경계는 끝이 없으셔서
순간순간 널리 세간에 나타나시니
정목관시 주지신이
부처님의 행하시는 바를 보고 마음에 기뻐하였도다.

미묘한 음성이 한계가 없고 부사의함이라
널리 중생들을 위하여 번뇌를 멸해주시니
금색묘안 주지신이 능히 밝게 깨달아서
부처님의 가없는 수승한 공덕을 보았도다.

일체 색과 형상으로 다 화현하셔서
시방 법계에 다 충만하시니
향모발광 주지신이 항상 부처님께서
이같이 모든 중생들을 널리 교화하심을 보았도다.

묘음보변어시방
妙音普徧於十方하사

무량겁중위중설
無量劫中爲衆說하시니

열의지신심요달
悅意地神心了達하야

종불득문심경희
從佛得聞深敬喜로다

불모공출향염운
佛毛孔出香燄雲하사

수중생심변세간
隨衆生心徧世間이라

일체견자개성숙
一切見者皆成熟하니

차시화선소관처
此是華旋所觀處로다

견고난괴여금강
堅固難壞如金剛이요

불가경동유수미
不可傾動逾須彌라

불신여시처세간
佛身如是處世間하시니

보지득견생환희
普持得見生歡喜로다

미묘한 음성이 널리 시방에 두루하셔서
한량없는 겁 동안 중생들을 위해 설하시니
적음열의 주지신이 마음에 요달하여
부처님께 듣고 깊이 공경하며 기뻐하였도다.

부처님의 모공에서 향기 나는 불꽃구름을 내셔서
중생들의 마음 따라 세간에 두루하심이라
일체 보는 이들은 다 성숙하니
이것은 묘화선계 주지신이 본 곳이로다.

견고하여 무너뜨리기 어려운 것은 금강과 같고
기울어 움직일 수 없는 것은 수미산을 넘음이라
부처님 몸이 이와 같이 세간에 계시니
금강보지 주지신이 보고 환희하도다.

부차보봉광요주성신　　득방편이익중생해
復次寶峰光耀主城神은 得方便利益衆生解

탈문　　묘엄궁전주성신　　득지중생근　　교
脫門하고 妙嚴宮殿主城神은 得知衆生根하야 教

화성숙해탈문　　청정희보주성신　　득상환
化成熟解脫門하고 清淨喜寶主城神은 得常歡

희　　영일체중생　　수제복덕해탈문　　이우
喜하야 令一切衆生으로 受諸福德解脫門하고 離憂

청정주성신　　득구제포외대비장해탈문
清淨主城神은 得救諸怖畏大悲藏解脫門하고

화등염안주성신　　득보명료대지혜해탈문
華燈燄眼主城神은 得普明了大智慧解脫門하고

염당명현주성신　　득보방편시현해탈문
燄幢明現主城神은 得普方便示現解脫門하고

성복위광주성신　　득보관찰일체중생　　영
盛福威光主城神은 得普觀察一切衆生하야 令

또 보봉광요 주성신은 방편으로 중생들을 이익케 하는 해탈문을 얻었고, 묘엄궁전 주성신은 중생들의 근기를 알아서 교화하여 성숙하게 하는 해탈문을 얻었고, 청정희보 주성신은 항상 환희하여 일체 중생이 모든 복덕을 받게 하는 해탈문을 얻었다.

이우청정 주성신은 모든 두려움을 구제해주는 대비 창고의 해탈문을 얻었고, 화등염안 주성신은 널리 큰 지혜를 밝게 아는 해탈문을 얻었고, 염당명현 주성신은 넓은 방편으로 나타내 보이는 해탈문을 얻었고, 성복위광 주성신은 널리 일체 중생을 관찰하여 광대한 복덕

수광대복덕해해탈문　　정광명신주성신
修廣大福德海解脫門하고 淨光明身主城神은

득개오일체우암중생해탈문　　향당장엄계
得開悟一切愚暗衆生解脫門하고 香幢莊嚴髻

주성신　득파일체중생번뇌취기　출생일
主城神은 得破一切衆生煩惱臭氣하야 出生一

체지성향기해탈문　　보봉광목주성신　득
切智性香氣解脫門하고 寶峰光目主城神은 得

능이대광명　파일체중생장애산해탈문
能以大光明으로 破一切衆生障礙山解脫門하니라

이시　보봉광요주성신　승불위력　보관
爾時에 寶峰光耀主城神이 承佛威力하야 普觀

일체주성신중　이설송언
一切主城神衆하고 而說頌言하니라

바다를 닦게 하는 해탈문을 얻었다.

정광명신 주성신은 일체 어리석은 중생들을 깨닫게 하는 해탈문을 얻었고, 향당장엄계 주성신은 일체 중생의 번뇌의 악취를 없애고 일체 지혜 성품의 향기를 내는 해탈문을 얻었고, 보봉광목 주성신은 큰 광명으로 일체 중생의 장애산을 깨뜨리는 해탈문을 얻었다.

그 때에 보봉광요 주성신이 부처님의 위신력을 받들어 일체 주성신의 대중들을 널리 살펴보고 게송을 설하여 말씀하였다.

도사여시부사의
導師如是不思議라

광명변조어시방
光明徧照於十方하사

중생현전실견불
衆生現前悉見佛하니

교화성숙무앙수
敎化成熟無央數로다

제중생근각차별
諸衆生根各差別을

불실요지무유여
佛悉了知無有餘하시니

묘엄궁전주성신
妙嚴宮殿主城神이

입차법문심경열
入此法門心慶悅이로다

여래무량겁수행
如來無量劫修行에

호지왕석제불법
護持往昔諸佛法하사

의상승봉생환희
意常承奉生歡喜하시니

묘보성신오차문
妙寶城神悟此門이로다

도사께서 이와 같이 부사의하여
광명이 시방을 두루 비추셔서
중생들이 눈앞에서 모두 부처님을 친견하니
교화하여 성숙케 하심이 한량없도다.

모든 중생들의 근기가 각각 다름을
부처님께서 남김없이 다 요달해 아시니
묘엄궁전 주성신이
이 법문에 들어가 마음에 기뻐하였도다.

여래께서 한량없는 겁 동안 수행하셔서
지난 옛적 모든 부처님 법을 보호하시며
뜻에 늘 받들어 섬기고 환희하시니
청정희보[妙寶] 주성신이 이 문을 깨달았도다.

여래석이능제견
如來昔已能除遣

일체중생제공포
一切衆生諸恐怖 하고

이항어피기자비
而恒於彼起慈悲 하시니

차이우신심오희
此離憂神心悟喜 로다

불지광대무유변
佛智廣大無有邊 이라

비여허공불가량
譬如虛空不可量 이어늘

화목성신사오열
華目城神斯悟悅 하야

능학여래지묘혜
能學如來之妙慧 로다

여래색상등중생
如來色相等衆生 하사

수기낙욕개령견
隨其樂欲皆令見 케하시니

염당명현심능오
燄幢明現心能悟 하야

습차방편생환희
習此方便生歡喜 로다

여래께서 옛적에 이미

일체 중생의 모든 공포를 없애주시고

항상 그들에게 자비를 일으키시니

이것은 이우청정 주성신이 깨닫고 기뻐하였도다.

부처님 지혜는 광대하여 끝이 없으셔서

비유하면 허공과 같아 헤아릴 수 없거늘

화등염안[華目] 주성신이 깨닫고 기뻐하여

여래의 미묘한 지혜를 능히 배웠도다.

여래의 색상은 중생들과 같아서

그 욕락을 따라 다 보게 하시니

염당명현 주성신이 마음에 능히 깨달아

이 방편을 익히고 환희하였도다.

여래왕수중복해
如來往修衆福海하사대

청정광대무변제
淸淨廣大無邊際하시니

복덕당광어차문
福德幢光於此門에

관찰료오심흔경
觀察了悟心欣慶이로다

중생우미제유중
衆生愚迷諸有中하야

여세생맹졸무도
如世生盲卒無覩어늘

불위이익흥어세
佛爲利益興於世하시니

청정광산입차문
淸淨光神入此門이로다

여래자재무유변
如來自在無有邊이여

여운보변어세간
如雲普徧於世間하사

내지현몽영조복
乃至現夢令調伏하시니

차시향당소관견
此是香幢所觀見이로다

56

여래께서 옛적에 온갖 복바다를 닦으시되
청정하고 광대하여 끝이 없으시니
성복위광[福德幢光] 주성신이 이 문에서
관찰하고 요달해 깨달아 마음에 기뻐하였도다.

중생들이 모든 갈래에서 어리석고 미혹하여
세상에 나면서부터 눈먼 이와 같아 끝내 볼 수 없거늘
부처님께서 이익케 하시려고 세간에 출현하시니
정광명신[淸淨光] 주성신이 이 문에 들어갔도다.

여래의 자재하심이 끝이 없으셔서
구름같이 세간에 널리 두루하시어
꿈속에도 나타나 조복하게 하시니
이것은 향당장엄 주성신이 관해 본 바로다.

중생치암여맹고　　　　종종장개소전부
衆生癡暗如盲瞽하야　　種種障蓋所纏覆어늘

불광조철보영개　　　　여시보봉지소입
佛光照徹普令開하시니　如是寶峰之所入이로다

부차정장엄당도량신　　득출현공양불광대
復次淨莊嚴幢道場神은　得出現供養佛廣大

장엄구　　　서원력해탈문　　수미보광도량
莊嚴具하는　誓願力解脫門하고　須彌寶光道場

신　　득현일체중생전　　성취광대보리행해
神은　得現一切衆生前하야　成就廣大菩提行解

탈문　　뇌음당상도량신　　득수일체중생심
脫門하고　雷音幢相道場神은　得隨一切衆生心

소락　　영견불어몽중　　위설법해탈문
所樂하야　令見佛於夢中하야　爲說法解脫門하고

중생들은 어리석음이 눈먼 이와 같아서

갖가지 장애의 번뇌에 얽히고 덮인 바이거늘

부처님께서 광명을 밝게 비추어 널리 열게 하시니

이러함은 보봉광목 주성신이 들어간 바로다.

또 정장엄당 도량신은 부처님께 공양 올리는

광대한 장엄구를 나타내는 서원력의 해탈문

을 얻었고, 수미보광 도량신은 일체 중생 앞에

나타나서 광대한 보리행을 성취하는 해탈문을

얻었고, 뇌음당상 도량신은 일체 중생의 마음

에 즐기는 바를 따라서 꿈속에서도 부처님을

보게 하기 위하여 설법하는 해탈문을 얻었다.

우화묘안도량신　　득능우일체난사중보장
雨華妙眼道場神은　得能雨一切難捨衆寶莊

엄구해탈문　　　청정염형도량신　　득능현묘
嚴具解脫門하고　淸淨燄形道場神은　得能現妙

장엄도량　　　광화중생　　　영성숙해탈문
莊嚴道場하야　廣化衆生하야　令成熟解脫門하고

화영수계도량신　　득수근설법　　영생정념
華纓垂髻道場神은　得隨根說法하야　令生正念

해탈문　　우보장엄도량신　　득능이변재
解脫門하고　雨寶莊嚴道場神은　得能以辯才로

보우무변환희법해탈문　　용맹향안도량
普雨無邊歡喜法解脫門하고　勇猛香眼道場

신　득광칭찬제불공덕해탈문　　금강채운
神은　得廣稱讚諸佛功德解脫門하고　金剛彩雲

도량신　득시현무변색상수　장엄도량해
道場神은　得示現無邊色相樹로　莊嚴道場解

우화묘안 도량신은 일체 버리기 어려운 온갖 보배 장엄구를 능히 비 내리는 해탈문을 얻었고, 청정염형 도량신은 미묘하게 장엄된 도량을 능히 나타내어 중생들을 널리 교화하여 성숙하게 하는 해탈문을 얻었고, 화영수계 도량신은 근기를 따라 설법하여 바른 생각을 내게 하는 해탈문을 얻었고, 우보장엄 도량신은 능히 변재로써 가없는 환희의 법을 널리 비 내리는 해탈문을 얻었다.

용맹향안 도량신은 널리 모든 부처님의 공덕을 칭찬하는 해탈문을 얻었고, 금강채운 도량신은 가없는 색상의 나무를 나타내어 도량

탈문　　연화광명도량신　　득보리수하　　적
脫門하고 蓮華光明道場神은 得菩提樹下에 寂

연부동　　이충변시방해탈문　　묘광조요
然不動하고 而充徧十方解脫門하고 妙光照耀

도량신　득현시여래종종력해탈문
道場神은 得顯示如來種種力解脫門하니라

이시　　정장엄당도량신　　승불위력　　보관
爾時에 淨莊嚴幢道場神이 承佛威力하야 普觀

일체도량신중　　이설송언
一切道場神衆하고 而說頌言하니라

을 장엄하는 해탈문을 얻었고, 연화광명 도량신은 보리수 아래에서 고요히 움직이지 아니하고 시방에 가득 두루하는 해탈문을 얻었고, 묘광조요 도량신은 여래의 갖가지 힘을 나타내 보이는 해탈문을 얻었다.

그 때에 정장엄당 도량신이 부처님의 위신력을 받들어 일체 도량신의 대중들을 널리 살펴보고 게송을 설하여 말씀하였다.

아념여래왕석시
我念如來往昔時에

어무량겁소수행
於無量劫所修行호니

제불출흥함공양
諸佛出興咸供養이라

고획여공대공덕
故獲如空大功德이로다

불석수행무진시
佛昔修行無盡施하사대

무량찰토미진등
無量刹土微塵等하시니

수미광조보리신
須彌光照菩提神이

억념선서심흔경
憶念善逝心欣慶이로다

여래색상무유궁
如來色相無有窮하사

변화주류일체찰
變化周流一切刹하시며

내지몽중상시현
乃至夢中常示現하시니

뇌당견차생환희
雷幢見此生歡喜로다

여래께서 지난 옛적에
한량없는 겁 동안 수행하신 것을 내가 생각하니
모든 부처님 출현하시면 다 공양하심이라
그러므로 허공 같은 큰 공덕을 얻으셨도다.

부처님께서 옛적에 다함없는 보시를 수행하시되
한량없는 세계의 티끌 수와 같게 하시니
수미광조보리 도량신이
선서를 기억하고 마음에 기뻐하였도다.

여래의 색상은 다함이 없으셔서
변화가 일체 세계에 두루하시며
꿈속에도 항상 나타내 보이시니
뇌음당상 도량신이 이것을 보고 환희하였도다.

석행사행무량겁
昔行捨行無量劫에

능사난사안여해
能捨難捨眼如海하시니

여시사행위중생
如是捨行爲衆生이라

차묘안신능오열
此妙眼神能悟悅이로다

무변색상보염운
無邊色相寶燄雲으로

현보리장변세간
現菩提場徧世閒하시니

염형청정도량신
燄形淸淨道場神이

견불자재생환희
見佛自在生歡喜로다

중생행해무유변
衆生行海無有邊이어늘

불보미륜우법우
佛普彌綸雨法雨하사대

수기근해제의혹
隨其根解除疑惑하시니

화영오차심환희
華纓悟此心歡喜로다

61

옛적에 버리는 행을 수행하시는 한량없는 겁 동안
보시하기 어려운 눈을 능히 보시하심이 바다와 같으니
이러한 보시행은 중생들을 위함이라
이것은 우화묘안 도량신이 능히 깨닫고 기뻐하였도다.

가없는 색상의 보배불꽃구름으로
보리도량에 나타나 세간에 두루하시니
청정염형 도량신이
부처님의 자재하심을 보고 환희하였도다.

중생들의 행바다가 끝이 없거늘
부처님께서 널리 가득히 법의 비를 내리셔서
그 근기와 이해를 따라 의혹을 없애주시니
화영수계 도량신이 이것을 깨닫고 환희하였도다.

무량법문차별의
無量法門差別義에

변재대해개능입
辯才大海皆能入하시니

우보엄구도량신
雨寶嚴具道場神이

어심념념항여시
於心念念恒如是로다

어불가설일체토
於不可說一切土에

진세언사칭찬불
盡世言辭稱讚佛이라

고획명예대공덕
故獲名譽大功德하시니

차용안신능억념
此勇眼神能憶念이로다

종종색상무변수
種種色相無邊樹를

보현보리수왕하
普現菩提樹王下하시니

금강채운오차문
金剛彩雲悟此門하야

항관도수생환희
恒觀道樹生歡喜로다

한량없는 법문의 차별한 이치에
큰 바다 같은 변재로 다 능히 들어가시니
우보장엄 도량신이
마음에 순간순간 늘 이와 같도다.

말할 수 없이 많은 일체 국토에서
온 세간의 언사로 부처님을 칭찬하심이라
그러므로 명예로운 큰 공덕을 얻으셨으니
이것은 용맹향안 도량신이 능히 기억하였도다.

갖가지 색상의 가없는 나무를
널리 보리수왕 아래에 나타내시니
금강채운 도량신이 이 법문을 깨달아서
항상 도의 나무를 보며 환희하였도다.

시방변제불가득
十方邊際不可得이어늘

불좌도량지역연
佛坐道場智亦然하시니

연화보광정신심
蓮華步光淨信心이

입차해탈심생희
入此解脫深生喜로다

도량일체출묘음
道場一切出妙音하야

찬불난사청정력
讚佛難思清淨力과

급이성취제인행
及以成就諸因行하시니

차묘광신능청수
此妙光神能聽受로다

부차보인수족행신
復次寶印手足行神은

득보우중보
得普雨衆寶하야

생광대
生廣大

환희해탈문
歡喜解脫門하고

연화광족행신
蓮華光足行神은

득시현불
得示現佛

63

시방 세계의 끝을 얻을 수 없으며
부처님께서 앉으신 도량과 지혜도 그러하니
연화광명[蓮華步光] 도량신이 깨끗한 신심으로
이 해탈문에 들어가서 깊이 환희하였도다.

도량의 일체가 미묘한 소리를 내어
부처님의 생각하기 어려운 청정한 힘과
모든 인행을 성취하심을 칭찬하니
이것은 묘광조요 도량신이 능히 들었도다.

또 보인수 족행신은 온갖 보배를 널리 비 내
려서 광대한 환희를 내는 해탈문을 얻었고, 연
화광 족행신은 부처님 몸이 일체 빛깔의 연화

신　　좌일체광색연화좌　　　영견자환희해탈
身이 坐一切光色蓮華座하야 令見者歡喜解脫

문　　　최승화계족행신　　득일일심념중　　건
門하고 最勝華髻足行神은 得一一心念中에 建

립일체여래　　중회도량해탈문　　　섭제선견
立一切如來의 衆會道場解脫門하고 攝諸善見

족행신　　득거족발보　　실조복무변중생해
足行神은 得擧足發步에 悉調伏無邊衆生解

탈문　　　묘보성당족행신　　득염념중　　화현
脫門하고 妙寶星幢足行神은 得念念中에 化現

종종연화망광명　　　보우중보　　　출묘음성해
種種蓮華網光明하야 普雨衆寶하며 出妙音聲解

탈문　　　낙토묘음족행신　　득출생무변환희
脫門하고 樂吐妙音足行神은 得出生無邊歡喜

해해탈문　　　전단수광족행신　　　득이향풍
海解脫門하고 栴檀樹光足行神은 得以香風으로

좌에 앉아계심을 나타내 보여서 보는 이들로 하여금 환희하게 하는 해탈문을 얻었고, 최승화계 족행신은 낱낱 생각 중에 일체 여래의 대중모임 도량을 건립하는 해탈문을 얻었고, 섭제선견 족행신은 발을 들어 걸음을 걸을 때 가없는 중생들을 다 조복하는 해탈문을 얻었고, 묘보성당 족행신은 생각생각 가운데 갖가지 연꽃 그물 광명을 나타내어 온갖 보배를 널리 비 내리며 미묘한 음성을 내는 해탈문을 얻었다.

낙토묘음 족행신은 가없는 환희바다를 출생하는 해탈문을 얻었고, 전단수광 족행신은 향

보각일체도량중회해탈문　　연화광명족행
普覺一切道場衆會解脫門하고 **蓮華光明足行**

신　득일체모공　방광명　　연미묘법음해
神은 **得一切毛孔**에 **放光明**하야 **演微妙法音解**

탈문　　미묘광명족행신　득기신　변출종
脫門하고 **微妙光明足行神**은 **得其身**이 **徧出種**

종광명망　　보조요해탈문　　적집묘화족
種光明網하야 **普照耀解脫門**하고 **積集妙華足**

행신　득개오일체중생　　영생선근해해탈
行神은 **得開悟一切衆生**하야 **令生善根海解脫**

문
門하니라

이시　보인수족행신　승불신력　변관일
爾時에 **寶印手足行神**이 **承佛神力**하야 **徧觀一**

체족행신중　이설송언
切足行神衆하고 **而說頌言**하니라

기로운 바람으로 일체 도량의 대중모임을 널리 깨우치는 해탈문을 얻었고, 연화광명 족행신은 일체 모공에서 광명을 놓아 미묘한 법음을 연설하는 해탈문을 얻었고, 미묘광명 족행신은 그 몸이 갖가지 광명그물을 두루 내어 널리 비추는 해탈문을 얻었고, 적집묘화 족행신은 일체 중생을 깨우쳐서 선근바다를 내게 하는 해탈문을 얻었다.

그 때에 보인수 족행신이 부처님의 위신력을 받들어 일체 족행신의 대중들을 두루 살펴보고 게송을 설하여 말씀하였다.

불 석 수 행 무 량 겁
佛昔修行無量劫에

공 양 일 체 제 여 래
供養一切諸如來하사대

심 항 경 열 불 피 염
心恒慶悅不疲厭하사

희 문 심 대 유 여 해
喜門深大猶如海로다

염 념 신 통 불 가 량
念念神通不可量이라

화 현 연 화 종 종 향
化現蓮華種種香하사

불 좌 기 상 보 유 왕
佛坐其上普遊往하시니

홍 색 광 신 개 도 견
紅色光神皆覩見이로다

제 불 여 래 법 여 시
諸佛如來法如是하사

광 대 중 회 변 시 방
廣大衆會徧十方하니

보 현 신 통 불 가 의
普現神通不可議라

최 승 화 신 실 명 촉
最勝華神悉明矚이로다

부처님께서 옛적에 수행하신 한량없는 겁 동안
일체 모든 여래께 공양하시되
마음이 늘 기뻐서 피로해하거나 싫어하지 않으셔서
환희의 문이 깊고 큼이 바다와 같도다.

생각생각 신통이 헤아릴 수 없음이라
연꽃과 갖가지 향을 변화해 나타내셔서
부처님께서 그 위에 앉아 널리 노니시니
연화광[紅色光] 족행신이 다 보았도다.

모든 부처님 여래의 법이 이와 같으셔서
광대한 대중모임이 시방에 두루하니
신통을 널리 나타내심이 불가사의라
최승화계 족행신이 다 밝게 보았도다.

시방국토일체처
十方國土一切處에

어중거족약하족
於中擧足若下足에

실능성취제군생
悉能成就諸群生하시니

차선견신심오희
此善見神心悟喜로다

여중생수보현신
如衆生數普現身이여

차일일신충법계
此一一身充法界하사

실방정광우중보
悉放淨光雨衆寶하시니

여시해탈성당입
如是解脫星幢入이로다

여래경계무변제
如來境界無邊際라

보우법우개충만
普雨法雨皆充滿하사

중회도불생환희
衆會覩佛生歡喜하니

차묘음성지소견
此妙音聲之所見이로다

시방 국토의 일체 처소에서
그 가운데 발을 들거나 발을 내리심에
다 능히 모든 중생들을 성취하시니
이것은 섭제선견 족행신이 깨닫고 기뻐하였도다.

중생들의 수와 같이 널리 몸을 나타내셔서
이 낱낱 몸이 법계에 충만하시어
청정한 광명을 놓아 온갖 보배를 비 내리시니
이러한 해탈은 묘보성당 족행신이 들어갔도다.

여래의 경계는 끝이 없으셔서
널리 법의 비를 내려 다 충만하시어
회중들이 부처님을 보고 환희하니
이것은 낙토묘음 족행신이 본 바로다.

불음성량등허공
佛音聲量等虛空하사

일체음성실재중
一切音聲悉在中이라

조복중생미불변
調伏衆生靡不徧하시니

여시전단능청수
如是栴檀能聽受로다

일체모공출화음
一切毛孔出化音하사

천양삼세제불명
闡揚三世諸佛名하시니

문차음자개환희
聞此音者皆歡喜라

연화광신여시견
蓮華光神如是見이로다

불신변현부사의
佛身變現不思議여

보보색상유여해
步步色相猶如海하사

수중생심실령견
隨衆生心悉令見케하시니

차묘광명지소득
此妙光明之所得이로다

부처님 음성은 양이 허공과 같으셔서

일체 음성이 다 그 가운데 있음이라

중생들을 조복하되 두루하지 않음이 없으시니

이러함은 전단수광 족행신이 능히 들었도다.

일체 모공에서 교화하는 음성을 내셔서

삼세 모든 부처님의 명호를 드날리시니

이 소리를 듣는 이들은 다 환희함이라

연화광명 족행신이 이와 같이 보았도다.

부처님 몸이 변화하여 나타나심이 부사의함이여

걸음마다 색상이 바다와 같으셔서

중생들의 마음 따라 다 보게 하시니

이것은 미묘광명 족행신이 얻은 바로다.

시방보현대신통
十方普現大神通하사

일체중생실개오
一切衆生悉開悟하시니

중묘화신어차법
衆妙華神於此法에

견이심생대환희
見已心生大歡喜로다

부차정희경계신중신
復次淨喜境界身衆神은

득억불왕석서원해
得憶佛往昔誓願海

해탈문
解脫門하고

광조시방신중신
光照十方身衆神은

득광명보조무
得光明普照無

변세계해탈문
邊世界解脫門하고

해음조복신중신
海音調伏身衆神은

득대음
得大音

보각일체중생
普覺一切衆生하야

영환희조복해탈문
令歡喜調伏解脫門하고

정
淨

화엄계신중신
華嚴髻身衆神은

득신여허공
得身如虛空하야

주변주해탈
周徧住解脫

시방에 널리 큰 신통을 나타내셔서
일체 중생을 다 깨우치시니
적집묘화[衆妙華] 족행신이 이 법을
보고 나서 마음에 크게 환희하였도다.

또 정희경계 신중신은 부처님의 지난 옛적 서원바다를 기억하는 해탈문을 얻었고, 광조 시방 신중신은 광명으로 가없는 세계를 널리 비추는 해탈문을 얻었고, 해음조복 신중신은 큰 소리로 널리 일체 중생을 깨우쳐서 기쁘게 조복케 하는 해탈문을 얻었고, 정화엄계 신중 신은 몸이 허공과 같아서 두루 머무는 해탈문을 얻었고, 무량위의 신중신은 일체 중생에게

문　　무량위의신중신　　득시일체중생제불
門하고　無量威儀身衆神은　得示一切衆生諸佛

경계해탈문　　최승광엄신중신　　득령일체
境界解脫門하고　最勝光嚴身衆神은　得令一切

기핍중생　　색력만족해탈문　　정광향운
飢乏衆生으로　色力滿足解脫門하고　淨光香雲

신중신　　득제일체중생　　번뇌구해탈문
身衆神은　得除一切衆生의　煩惱垢解脫門하고

수호섭지신중신　　득전일체중생　　우치마
守護攝持身衆神은　得轉一切衆生의　愚癡魔

업해탈문　　보현섭화신중신　　득보어일체
業解脫門하고　普現攝化身衆神은　得普於一切

세주궁전중　　현시장엄상해탈문　　부동광
世主宮殿中에　顯示莊嚴相解脫門하고　不動光

명신중신　　득보섭일체중생　　개영생청정
明身衆神은　得普攝一切衆生하야　皆令生淸淨

모든 부처님의 경계를 보여 주는 해탈문을 얻었다.

최승광엄 신중신은 일체 굶주린 중생들에게 육신의 힘을 만족하게 하는 해탈문을 얻었고, 정광향운 신중신은 일체 중생의 번뇌의 때를 없애는 해탈문을 얻었고, 수호섭지 신중신은 일체 중생의 어리석은 마군의 업을 바꾸는 해탈문을 얻었고, 보현섭화 신중신은 널리 일체 세주의 궁전 가운데 장엄한 모양을 나타내 보이는 해탈문을 얻었고, 부동광명 신중신은 널리 일체 중생을 거두어서 청정한 선근을 내게 하는 해탈문을

선근해탈문
善根解脫門하니라

이시　정희경계신중신　승불위력　보관
爾時에 淨喜境界身衆神이 承佛威力하야 普觀

일체신중신중　이설송언
一切身衆神衆하고 而說頌言하니라

아억수미진겁전　　유불묘광출흥세
我憶須彌塵劫前에　有佛妙光出興世어시늘

세존어피여래소　　발심공양일체불
世尊於彼如來所에　發心供養一切佛이로다

얻었다.

그 때에 정희경계 신중신이 부처님의 위신력
을 받들어 일체 신중신의 대중들을 널리 살펴
보고 게송을 설하여 말씀하였다.

내가 기억하니 수미산 티끌 수 겁 전에
묘광 부처님께서 세상에 출현하셨을 때
세존께서 그 여래의 처소에서
발심하여 일체 부처님께 공양하셨도다.

여래신방대광명
如來身放大光明이여

기광법계미불충
其光法界靡不充하사

중생우자심조복
衆生遇者心調伏하니

차조방신지소견
此照方神之所見이로다

여래성진시방국
如來聲震十方國이여

일체언음실원만
一切言音悉圓滿하사

보각군생무유여
普覺群生無有餘하시니

조복문차심환경
調伏聞此心歡慶이로다

불신청정항적멸
佛身清淨恒寂滅이여

보현중색무제상
普現衆色無諸相하사

여시변주어세간
如是徧住於世間하시니

차정화신지소입
此淨華神之所入이로다

여래의 몸이 큰 광명을 놓으셔서
그 광명이 법계에 충만하시어
중생들이 만나면 마음을 조복하니
이것은 광조시방 신중신이 본 바로다.

여래의 음성이 시방 국토에 진동하시며
일체 말이 다 원만하셔서
중생들을 남김없이 널리 깨우치시니
해음조복 신중신이 이것을 듣고 기뻐하였도다.

부처님 몸은 청정하고 항상 적멸하셔서
널리 온갖 색을 나타내시나 모든 색상이 없음이라
이와 같이 세간에 두루 머무시니
이것은 정화엄계 신중신이 들어간 바로다.

도사여시부사의
導師如是不思議여

수중생심실령견
隨衆生心悉令見하사대

혹좌혹행혹시주
或坐或行或時住하시니

무량위의소오문
無量威儀所悟門이로다

불백천겁난봉우
佛百千劫難逢遇라

출흥이익능자재
出興利益能自在하사

영세실리빈궁고
令世悉離貧窮苦케하시니

최승광엄입사처
最勝光嚴入斯處로다

여래일일치상간
如來一一齒相間에

보방향등광염운
普放香燈光燄雲하사

멸제일체중생혹
滅除一切衆生惑하시니

이구운신여시견
離垢雲神如是見이로다

도사께서 이같이 부사의함이여
중생들의 마음 따라 다 보게 하시되
혹은 앉고 혹은 가고 혹은 때로 머무시니
무량위의 신중신이 깨달은 문이로다.

부처님은 백천 겁에 만나기 어려운데
출현하여 이익 줌이 자재하셔서
세간이 빈궁한 고통을 다 여의게 하시니
최승광엄 신중신이 이곳에 들어갔도다.

여래의 낱낱 치아 사이로
향기 나는 등불광명 불꽃구름을 널리 놓으셔서
일체 중생의 미혹을 멸하여 없애주시니
정광향운[離垢雲] 신중신이 이와 같이 보았도다.

중생염혹위중장
衆生染惑爲重障하야

수축마경상유전
隨逐魔徑常流轉이어늘

여래개시해탈도
如來開示解脫道하시니

수호집지능오입
守護執持能悟入이로다

아관여래자재력
我觀如來自在力컨대

광포법계실충만
光布法界悉充滿하사

처왕궁전화중생
處王宮殿化衆生하시니

차보현신지경계
此普現神之境界로다

중생미망구중고
衆生迷妄具衆苦어늘

불재기중상구섭
佛在其中常救攝하사

개영멸혹생희심
皆令滅惑生喜心케하시니

부동광신소관견
不動光神所觀見이로다

중생들의 번뇌가 무거운 장애가 되어서
마군의 길을 따라 항상 유전하거늘
여래께서 해탈의 길을 열어 보이시니
수호섭지 신중신이 능히 깨달아 들어갔도다.

내가 여래의 자재하신 힘을 관해 보니
광명이 법계에 펴져 다 충만하시어
왕궁에 계시면서 중생들을 교화하시니
이것은 보현섭화 신중신의 경계로다.

중생들이 미혹과 망상으로 온갖 고통 받거늘
부처님께서 그 가운데서 항상 구호하셔서
모두 미혹을 멸하고 기쁜 마음을 내게 하시니
부동광명 신중신이 관하여 본 바로다.

부차묘색나라연집금강신　　　득견여래　　　시
復次妙色那羅延執金剛神은 得見如來의 示

현무변색상신해탈문　　　일륜속질당집금강
現無邊色相身解脫門하고 日輪速疾幢執金剛

신　　　득불신일일모　　　여일륜　　　현종종광명
神은 得佛身一一毛가 如日輪하야 現種種光明

운해탈문　　　수미화광집금강신　　　득화현무
雲解脫門하고 須彌華光執金剛神은 得化現無

량신대신변해탈문　　　청정운음집금강신
量身大神變解脫門하고 淸淨雲音執金剛神은

득무변수류음해탈문　　　묘비천주집금강
得無邊隨類音解脫門하고 妙臂天主執金剛

신　　　득현위일체세간주　　　개오중생해탈
神은 得現爲一切世閒主하야 開悟衆生解脫

문　　　가애락광명집금강신　　　득보개시일체
門하고 可愛樂光明執金剛神은 得普開示一切

또 묘색나라연 집금강신은 여래의 가없는 색상을 나타내 보이시는 몸을 친견하는 해탈문을 얻었고, 일륜속질당 집금강신은 부처님 몸의 낱낱 터럭이 태양과 같이 갖가지 광명구름을 나타내는 해탈문을 얻었고, 수미화광 집금강신은 한량없는 몸을 화현하는 큰 신통 변화의 해탈문을 얻었고, 청정운음 집금강신은 가없이 부류를 따르는 소리의 해탈문을 얻었고, 묘비천주 집금강신은 일체 세간의 주인으로 나타나서 중생들을 깨우치는 해탈문을 얻었다.

가애락광명 집금강신은 일체 부처님 법의 차

불법차별문　　함진무유해탈문　　대수뇌
佛法差別門_{하야} 咸盡無遺解脫門_{하고} 大樹雷

음집금강신　　득이가애락장엄구　　섭일체
音執金剛神_은 得以可愛樂莊嚴具_로 攝一切

수신해탈문　　사자왕광명집금강신　　득여
樹神解脫門_{하고} 師子王光明執金剛神_은 得如

래광대복장엄취　　개구족명료해탈문　　밀
來廣大福莊嚴聚_를 皆具足明了解脫門_{하고} 密

염길상목집금강신　　득보관찰험악중생심
燄吉祥目執金剛神_은 得普觀察險惡衆生心_{하야}

위현위엄신해탈문　　연화마니계집금강
爲現威嚴身解脫門_{하고} 蓮華摩尼髻執金剛

신　　득보우일체보살　　장엄구마니계해탈
神_은 得普雨一切菩薩_의 莊嚴具摩尼髻解脫

문
門_{하니라}

별한 문을 널리 열어 보여서 남김없이 모두 다 하는 해탈문을 얻었고, 대수뇌음 집금강신은 사랑스러운 장엄구로 일체 나무의 신을 거두는 해탈문을 얻었고, 사자왕광명 집금강신은 여래의 광대한 복의 장엄 무더기를 모두 구족하게 밝게 아는 해탈문을 얻었고, 밀염길상목 집금강신은 험악한 중생들의 마음을 널리 관찰해서 위하여 위엄 있는 몸을 나타내는 해탈문을 얻었고, 연화마니계 집금강신은 일체 보살의 장엄구인 마니 상투를 널리 비 내리는 해탈문을 얻었다.

이시 　묘색나라연집금강신 　승불위력
爾時에 妙色那羅延執金剛神이 承佛威力하야

보관일체집금강신중 　이설송언
普觀一切執金剛神衆하고 而說頌言하니라

여응관법왕 　법왕법여시
汝應觀法王하라 法王法如是시니

색상무유변 　보현어세간
色相無有邊하야 普現於世間이로다

불신일일모 　광망부사의
佛身一一毛에 光網不思議라

비여정일륜 　보조시방국
譬如淨日輪이 普照十方國이로다

그 때에 묘색나라연 집금강신이 부처님의 위
신력을 받들어 일체 집금강신의 대중들을 널
리 살펴보고 게송을 설하여 말씀하였다.

그대는 응당 법왕을 관하라
법왕의 법이 이와 같으시니
색상이 가없어서
널리 세간에 나타나시도다.

부처님 몸의 낱낱 터럭에
광명의 그물이 불가사의라
비유하면 깨끗한 태양이
널리 시방 국토를 비추는 것과 같도다.

여래신통력　　　법계실주변
如來神通力이여　法界悉周徧하사

일체중생전　　　시현무진신
一切衆生前에　　示現無盡身이로다

여래설법음　　　시방막불문
如來說法音을　　十方莫不聞이라

수제중생류　　　실령심만족
隨諸衆生類하야　悉令心滿足이로다

중견모니존　　　처세궁전중
衆見牟尼尊이　　處世宮殿中하사

보위제군생　　　천양어대법
普爲諸群生하야　闡揚於大法이로다

여래의 신통력이시여
법계에 다 두루하시어
모든 중생들 앞에
다함없는 몸을 나타내 보이시도다.

여래께서 설법하시는 음성을
시방에서 듣지 못함이 없음이라
모든 중생들의 부류를 따라서
다 마음에 만족하게 하시도다.

대중들이 보니 석가모니 세존께서
세간 궁전 가운데 계시면서
널리 모든 중생들을 위하여
큰 법을 드날리시도다.

법해선복처
法海漩澓處에

일체차별의
一切差別義를

종종방편문
種種方便門으로

연설무궁진
演說無窮盡이로다

무변대방편
無邊大方便으로

보응시방국
普應十方國하시니

우불정광명
遇佛淨光明하면

실견여래신
悉見如來身이로다

공양어제불
供養於諸佛을

억찰미진수
億刹微塵數하시니

공덕여허공
功德如虛空하야

일체소첨앙
一切所瞻仰이로다

법바다가 소용돌이치는 곳에

일체 차별한 뜻을

갖가지 방편문으로

끝까지 다함없이 연설하시도다.

가없는 큰 방편으로

널리 시방 국토에 응하시니

부처님의 깨끗한 광명을 만나면

다 여래의 몸을 보도다.

모든 부처님께 공양하심을

억 세계 티끌 수같이 하시니

공덕이 허공과 같으셔서

일체가 우러러보는 바로다.

신통력평등　　　일체찰개현
神通力平等하사　　**一切刹皆現**이라

안좌묘도량　　　보현중생전
安坐妙道場하사　　**普現衆生前**이로다

염운보조명　　　종종광원만
燄雲普照明하사　　**種種光圓滿**하시니

법계무불급　　　시불소행처
法界無不及하야　　**示佛所行處**로다

〈大方廣佛華嚴經 卷第四〉

신통의 힘이 평등하셔서
일체 세계에 다 나타나심이라
미묘한 도량에 편안히 앉으셔서
널리 중생들 앞에 나타나시도다.

불꽃구름이 널리 밝게 비추셔서
갖가지 광명이 원만하시니
법계에 미치지 않음이 없어서
부처님 행하시는 곳을 보이시도다.

〈대방광불화엄경 제4권〉

大方廣佛華嚴經 ― 부록

●

대방광불화엄경 목차

●

간행사

대방광불화엄경
목차

간 행 사

　귀의삼보 하옵고,

『대방광불화엄경』의 수지 독송과 유통을 발원하면서 수미정사 불전연구원에서 『독송본 한문·한글역 대방광불화엄경』과 『사경본 한글역 대방광불화엄경』을 편찬하여 간행하게 되었습니다.

『화엄경』은 우리나라에 전래된 이래 일찍부터 사경되고 주석·강설되어 왔으며 근현대에 이르러서는 『화엄경』의 한글 번역과 연구도 부쩍 많이 이루어졌습니다. 그만큼 『화엄경』이 우리 불자님들의 신행과 해탈에 큰 의지처가 되었던 것임을 알 수 있습니다.

『화엄경』을 독송하고 사경하는 공덕은 설법 공덕과 함께 크게 강조되어 왔습니다. 그리하여 수미정사 불전연구원에서도 『화엄경』(80권)을 독송하고 사경하는 데 도움이 되도록 한문 원문과 한글역을 함께 수록한 독송본과 한글역의 사경본 『화엄경』 간행불사를 발원하였습니다. 이 『화엄경』 간행불사에 뜻을 같이하여 적극 후원해주신 스님들과 재가 불자님들께 깊이 감사드립니다. 또한 『화엄경』을 수지 독송할 수 있도록 경책의 모습으로 장엄해 주신 편집위원들과 담앤북스 출판사 관계자들께도 고마움을 표합니다.

　끝으로 이 불사의 원만 회향으로 『화엄경』이 널리 유통되고, 온 법계에 부처님의 가피가 충만하시길 기원드립니다.

　나무 대방광불화엄경

불기 2564년 '부처님오신날'을 봉축하며
수미해주 합장

위태천신(동진보살)

수미해주 須彌海住

동국대학교 명예교수
중앙승가대학교 법인이사
대한불교조계종 수미정사 주지

독송본 한문·한글역
대방광불화엄경 제4권

| 초판 1쇄 발행_ 2020년 8월 24일

| **엮은이**_ 수미해주
| **엮은곳**_ 수미정사 불전연구원
| **편집위원**_ 해주 수정 경진 선초 정천 석도 박보람 최원섭
| **편집보**_ 동건 무이 무진 김지예

| **펴낸이**_ 오세룡
| **펴낸곳**_ 담앤북스
          서울특별시 종로구 새문안로3길 23 경희궁의 아침 4단지 805호
          대표전화 02)765-1251 전송 02)764-1251 전자우편 damnbooks@hanmail.net
          출판등록 제300-2011-115호
| **ISBN**_ 979-11-6201-241-3   04220

정가 15,000원